自分のための
Mastery for Service

宮原浩二郎

関西学院大学出版会

目次

はじめに

マスタリー・フォア・サーヴィス（Mastery for Service）。関西学院の学生でこの言葉を知らない人はいないだろう。しかし、その意味はというと、きちんと考えたことのない人が多いだろう。スクール・モットーで、「奉仕のための練達」ともいわれている。「奉仕」を説く立派な心がけにちがいない。それに英語の響きが関学らしくていい。・・・ということで、中学や高校の「校訓」と同じ、あとは適当に受け流してしまう。そんな学生がほとんどなのではないだろうか。

「スクール・モットーは大切にしよう」などと説教したいのではない。なかにはつまらないモットーだって多いのだ。「少年よ、大志を抱け！」なんて、威勢はいいけど深みがない。ところが、マスタリー・フォア・サーヴィスは違う。このモットーは、優れている。〈マスタリー〉と〈サーヴィス〉を〈フォア〉で結んだだけなのに、確かな奥行きをもっている。どこにでもある「校訓」として素通りしたり、イメージ・ワードとして利用するだけでは、もったいない。マスタリー・フォア・サーヴィスは関学の宝である。含蓄のある言葉だからこそ、一人一人の学生がその精神を深く理解し、自分自身のものにしていってもらいたい。ここ数年、僕はそう感じるようになった。

しかし、そのためにはまず自分から始めないといけない。マスタリー・フォア・サーヴィスとは何か、僕自身の感じ方、考え方を明確にしておかないといけない。そこで、僕は社会学部の授業でこのモットーを取り上げてみた。提唱者であるベーツ第四代院長の講演録、歴代の院長や学長はじめ教職員による論考、関学の広報パンフレット類での扱い方など、基本的な文献を読んだ上、「知識社会学」の授業の一コマを使って講義し、大教室のたくさんの学生たちからコメントを書いてもらうことができた。いろいろと考え、また、考えさせられた。自分なりにわかったような気もしてきた。しかしまだ僕は、それをきちんと書きつけてはいなかったのだ。

マスタリー・フォア・サーヴィスには奥行きがある。あれこれ語ることはいくらでもできる。だが、いくら喋り続けてもその精神をマスターした（＝モノにした）ことにはならない。よく吟味し、解釈し、自分の経験に照らして消化して、それを一まとまりの文章に書きつけた時、人はこのモットーの精神をマスターするのだ。その仕事を、僕はこの本で試みた。うまくいけば、学生読者に対して、学び方や生き方の指針を与えることができるかもしれない。少なくとも、考え直すきっかけにはなるだろう。最低でも、関学のスクール・モットーの卓越性に気づかせることはできる。その時はじめて、僕の試みは学生たちにサーヴした（＝お役に立った）ことになる。

＊＊＊

本論に入る前に、ウォーミング・アップをしておこう。

マスタリー・フォア・サーヴィスは「奉仕のための練達」と言い換えられることが一般的である。しかし、これが「完全な訳語」「正しい意味」だと思ったら、大間違いである。なぜなら、「奉仕のための練達」はMastery for Serviceという英語表現を骨抜きにしてしまうおそれがあるからだ。「奉仕のための練達」はわかりやすく口当たりがよい。しかし、どことなく凡庸な響きがある。それには理由があるのである。

マスタリー（mastery）とは、何はさておき、「マスターであること」を意味する。そして、サーヴィス（service）は「サーヴァントであること」である。マスター（master）は「主人（支配する人）」であり、サーヴァント（servant）とは「召使い（仕える人）」である。そこで、マスタリー・フォア・サーヴィスという言葉を聞いたら、すぐに「主人」と「召使い」の姿が眼に浮かんでこなければいけない。映画で観た「貴族」と「召使い」でもいい、小説で読んだ「主君」と「家来」でもいい。とにかく、「主人」と「召使い」の姿が脳裏に宿らなければならない。

ところが、「主人」と「召使い」は正反対である。一方は、支配し命令する人。他方は、服従し仕える人。この二つのイメージは相反する。間違ってもダブって見えることはない。「主人」

と「召使い」はどこまでいっても相容れない。にもかかわらず、マスタリー・フォア・サーヴィスは、この二つを融合させる。「主人」であることによって「召使い」であるような、そういう人間像を掲げている。その際、マスタリー＝主人となることを前面に出し、そのことの目的地（for）をサーヴィス＝召使いであることと指示している。つまり、「主人でありなさい！　それによって召使いでありなさい！」という、常識的には矛盾でしかない表現、それがマスタリー・フォア・サーヴィスである。

ところが、「奉仕のための練達」では、「主人」や「召使い」という人間の具体的な姿がイメージされない。ただ「練達」や「奉仕」という行為だけが強調されている。そのため、「こんな人になろう」というメッセージが弱められている。しかも、「練達」と「奉仕」の間に、「主人」と「召使い」の間にある対立や矛盾や緊張関係が感じとれない。せいぜい「しっかり勉強して、人に奉仕しよう！」程度の話になってくる。これでも「校訓」として悪くはないが、深みがない。

さらに問題なのは、このような「奉仕のための練達」がただの「奉仕の精神」になってしまうことである。「頑張って社会に奉仕しよう」と言っているうちに、主人になることが忘れられ、「奉仕」だけが前面に出てくる。とにかく、「人のため」「社会のため」となり、やがて「サーヴィス」という言葉の豊かさも置き去りにされ、その「奉仕の精神」はもっぱら「ボランティア」

や「福祉」活動などを指すことになる。そうなると、マスタリー・フォア・サーヴィスは特別の「道徳的優等生」だけのもので、その他大勢の一般学生には関係ないかのような印象を与えてしまう。とくに、阪神大震災以降のボランティア・ブームのなかで、そうした傾向が目立ってきたと感じるのは僕だけではないだろう。

ベーツ先生の説明を読めばすぐわかるように、マスタリー・フォア・サーヴィスの精神はとくに「福祉」活動だけを奨めているわけではない。あくまでも「主人」であることによって「召使い」であるような、そういう理想的人間像を求めているのである。ベーツ先生は、公務員、企業家、学者、政治家の例を引いている。どんな仕事に就いていようと「奉仕」できるのだ。さらに彼は、「有効な」（effective）奉仕ということを強調している。マスタリー・フォア・サーヴィスの精神は、能力や技量の裏づけのない自己満足だけの「奉仕の精神」、さらには他人に対して道徳的優位に立つための「奉仕主義」とは一線を画しているのだ。

少し別の言い方をしてみよう。僕はマスタリー・フォア・サーヴィスがただ「他人のため」「社会のため」「人類のため」の「奉仕の精神」になってはつまらないと思う。それでは凡庸にすぎるだけでなく、偽善の響きさえつきまとう。たしかに「少年よ、大志を抱け！」は深みがないが、その分この言葉の素直さが人々に愛されたのだ。僕はマスタリー・フォア・サーヴィスもまた、「自分のため」「僕のため」「私のため」でよいと思う。また、そうでしかありえないと思う。その上で、この「自分のため」が、高い次元では「他人のため」と融合すること、「自分のため」と「他人のため」はけっして矛盾しないこと、それを知的に、かつ、実践的に知っていくことが大切なのだ。

僕の考えでは、マスタリー・フォア・サーヴィスはけっして単純な「利己主義」の否定ではない。また、単純な「利他主義」の奨励でもない。そうではなく、「利己主義」と「利他主義」の区別を乗り越えて、「他人のため」が同時に「自分のため」であるような、そういう生き方、人間像を示しているのだ。「自分のため」に主人であること（マスタリー）が「他人のため」の召使いであること（サーヴィス）と一致するということ。また、そうでなければならないということ。これがポイントであり、これだけが大切なのだ。

＊＊＊

軽いウォーミングアップのつもりが、もう走り始めてしまった。ここで一瞬立ち止まって、確認しておこう。マスタリーは「主人であること」、サーヴィスは「召使いであること」。これをハッキリさせよう。「主人」と「召使い」、その姿を眼に浮かべよう。理屈以前に、しっかり見よう。その上で、こう考えるのだ。「主人」は「召使い」に方向づけられている（for）。やがて「主人」は「召使い」となる。いままで対極にあった「主人」「召使い」の二つの像がやがて融合し一つになる。これはどういうことだろうか？

マスタリー・フォア・サーヴィスは逆説的な表現である。それが何の抵抗も感じさせない「奉仕のための練達」と違うのだ。逆説だからこそ、考えさせる。思考の運動を刺激する。この運動は長い時間をかけて持続していく。僕の場合、もう一五年になる。もちろん、いつもいつも考えていたわけではない。忘れていた時の方がはるかに長かった。しかしそれでも、折にふれて、いろいろ感じ、考えてきた。そしていつしか、講義で取り上げるようになっていた。以下では、そのプロセスと現在の到達点を、読者である学生諸君のために、そして誰よりも僕自身のために、書きつけておこうと思う。

この小著は『自分のためのMastery for Service』なのだ。

一　飾り言葉としてのスクール・モットー

1　はじめての関学

多くの人と同じように、僕がマスタリー・フォア・サーヴィスという言葉を知ったのは、関西学院の一員になったからだ。だから、どういう事情で関学に来たのか、それから話を始めたい。

関学のキャンパスに初めて足を踏み入れた日のことは、今でもよく憶えている。一九八六年七月九日だった。社会学部の専任教員の公募で、面接に来たのだ。

当時の僕は、アメリカのウィスコンシン大学（マディソン校）での留学生活が七年目に入り、大学教員の就職口を見つけなければならない時期に入っていた。もっぱらアメリカで社会学を勉強した僕は、日本の大学で面識のある人は皆無に近い。ネットワークもなく、情報も入らず、研究とはまた別の現実の壁にぶつかっていた。いくつか痛い目にも会ったのだ。だが、ただ一人東京の社会学者のＦ氏が僕の将来を気遣ってくれた。僕は彼の論文が好きで、日本の大学院から来ていた友人に紹介状を書いてもらい、研究室に訪ねていったことがある。僕が指導教授の著書を翻訳した時には、共訳者となってくれた上、出版社まで見つけてくれた。［注1］そのF氏が、関学の社会学部で専任教員を公募していることを知らせてくれたのだ。

アメリカに送ってもらった公募要項を見ると、専攻分野は「現代社会学理論」とある。ピッタリだというので応募することにした。F氏によると、公募といっても形だけのことが多いけれども、この人事は本物のようだ。それに関西は社会学者の層が厚く、なかでも関西学院の社会学は伝統がある。かなり難しいけれども、挑戦する価値はあるということだった。いずれにしても、日本の大学に就職したいなら、はやく日本で業績を発表し、日本の社会学者と交流を始めた方がいいということだった。そこで僕はその夏を日本で過ごし、就職活動に精を出すことにした。六月上旬になると社会学部から連絡があり、三〇名の応募があって「鋭意選考中」とのことだった。やっぱり無理だろうと、かえってサバサバした気分になって、僕は日本に戻ったのだ。六月下旬のことである。

さっそく博士論文を日本語に書き直しながら、東京の社会学者の研究会に顔を出す日々が始まった。家で論文を書くのはよいが、外回りの営業活動は楽ではない。「コネつくり」の意識があるものだから、気が重い。すぐに面倒だなあと前途多難を実感させられた。そんなある日、七月はじめだったと思う、人事選考委員長のM先生から電話連絡が入った。委員会での業績審査の結果、面接を行いたい。交通費と宿泊代も出してくれるという。ほとんど諦めていただけに、この一報には驚いたし、嬉しかった。そして緊張が高まってきた。面接も形だけではないはずだ。関学社会学部にはM先生はじめ論文や著書で知っている名前はいくつかあったが、面識のある人は誰もいないのだ。

そんなわけで、僕は初めて上ヶ原のキャンパスにやってきた。もともと東京生まれ、埼玉・千葉・神奈川育ちの人間で、関西のことは何も知らない。中学の修学旅行で大阪万博に来た、高校時代には京都・奈良をまわった、それくらいである。両親とも東京育ちで関西のことは何も知らない。親戚もいない。西宮といわれてもどこなのかよくわからない。関西とも、関学とももっとも縁の遠い部類に入る。事実、この日は、西宮北口から「今津線に乗り換える」といわれていたので、今津行きに乗ってしまった。途中で気づき、阪神国道駅から引き返したのだ。それでもキャンパスに着いたとき、面接の時間まで一時間ほどの余裕があった。

正門から入って中央芝生のまわりを歩いてみた。ぐるりと取り囲んだ白い瀟洒な建物群、正面の時計台、大切に配置された樹々や花壇。お洒落な庭園のようだと思った。それと比べれば、学部時代を過ごした東大は「教育研究施設」、大学院時代のウィスコンシン大は「リサーチ・パーク」のようなものだろう。これが私学らしい私学というものなのだ、と僕は一人納得しながら、経済学部地下の喫茶室「ポプラ」に入った。ここには東大やウィスコンシン大にも共通する「学生（運動？）の匂い」があった。やはり大学にちがいないのだと、ほっとした。本郷の地下喫茶室「メトロ」を思わせる、粉のようなコーヒーを飲みながら、残りの時間、面接への心準備をしたのだ。

こうして僕はその秋、一九八六年一〇月一日、社会学部専任講師として関西学院大学にやってきた。当時三〇才。それからあっという間に、一五年が経過した。仕事の上でも、私生活の上でも、いろいろな変化があったが、あえて一つだけ言っておきたい。それは、関学が僕の一部になったということである。もはや関学ぬきに自分を語ることはできなくなった。ずいぶん長い間、モラトリアム気分できたのだが、いつしか関学なしの人生は考えられなくなっていたのである。良いとか悪いとか、好きとか嫌いとか、そういう問題ではない。運命なのだ。

まったく関学に縁のなかった僕が、マスタリー・フォア・サーヴィスというモットーにふれ、その意味を考えはじめ、いつしか講義のトピックに選び、ついにはこのような小著まで書くようになった。これもまた運命、なのだ。

2　輝く自由、マスタリー・フォア・サーヴィス

もっとも、それ以前の僕が関西学院の名を知らなかったわけではない。学生の頃、軟式テニスをしている友人から「早関戦で関西に行くから会えない」と言われたことがある。この「関」は「関西学院」のことだった。漠然と名前は知っていたのだが、それでも当時の多くの関東の

学生同様、東京以外の私学ならD大かR大だろうと思っていた。それがアメリカに留学してから少し変わった。ウィスコンシン大学で親しくなった留学生仲間に関学出身者が二人いた。二人とも研究熱心で優秀であるばかりでなく、気持ちよくつき合うことができた。

社会学部の公募に応じる頃には、この二人のおかげで僕は「関学」に良いイメージを抱くようになっていた。「品が良くて勉強もできる」「西の慶応と言われている」といったものである。しかし、それでも「関関同立」という言い方も、当時七つの学部と一万人をこえる学生をもつ一大総合大学であるという事実も知らなかった。社会学部が充実していること、教員の研究水準が高く、層も厚いことは知らされていたので、それで十分だったのだ。とにかくアメリカでの長い修行を生かして、この日本で社会学者として身を立てること。関学はそのために最適の場を与えてくれるのだ。

専任教員になった当初の印象はとても良かった。とにかくキャンパスが、建物も樹々も人々もふくめて、美しい。適度に華やかであるが、派手ではない。全体に「スタイル」が浸透し、「雰囲気」をもっている。教職員の歓迎会や懇親会などに出てみても、式の進め方、会話の流れなど、遊びがあって心地よい。コーヒーやサンドウィッチもおいしい。クリスマスのキャンドル・サーヴィスは昔友人に誘われて行った立教大学を思い出させたが、高台の空気のせいか独特の清らかさがある。三月の卒業式の、色とりどりのキャンパスがまた素晴らしい。満開の桜並木の入学式。正門入り口のチューリップから枝垂れ桜。それに当時ピカピカの新学生会館も気にいった。デパートのような生協、充実した書籍部、まだ喫煙自由だった神戸屋やオフ・タイム。両親を連れていった三田屋のステーキ定食・・・。

教員も職員も関学の一員であることに静かな誇りをもち、着実に仕事をしている。半年後の四月からは新ゼミ生が入ってきたが、学生たちは明るく素直である。しかも、やる気のない風でいながら、ほとんどの学生はやらせればできる。目を見張るような学問的センスや理解力をもつ学生もいる。何よりも「関学に来たかった」という学生（とくに女子）が多く、ゼミをやっていて楽しいのだ。これこそ私学らしい私学だな、とあらためて嬉しく思った。

しかも、その背景には関西、とくに阪神間の先進的市民文化の伝統がある。僕は宝塚、西宮、伊丹、芦屋と引越をくりかえしたが（その後、東灘区、現在は芦屋である）、この阪神間の土地柄がとても好きになった。すぐ近くに海があり山がある。個性の異なる三つの都会がある。関東では湘南が似ているが（僕は逗子に住んでいたことがある）、東京まで少し遠い。意外にも、自分に合う土地にめぐり会えたと感じた。いずれにしても、この阪神間に根をおろした、伝統あるキリスト教主義の、私学らしい私学というのは、関東からアメリカを経由して日本に戻ってきた僕のような人間にとっては、ちょっとした異国的魅力があったのだ。

駆け出し教員の頃の僕は、『空の翼』や『クレセント』をはじめ関学の広報誌や同窓会通信、学内のさまざまなニュースレターやチャペル講話集など、結構まめに読んでいたと思う。校歌や応援歌を収録したカセットを買ってきて、歌詞を見ながら集中的に聴いたこともある。「輝く自由、マスタリー・フォア・サーヴィス」のフレーズはすぐ頭に入った。そんな風にして、僕はマスタリー・フォア・サーヴィスという「スクール・モットー」にふれたのである。それは当時の僕にとって、関西学院の雰囲気をあらわすスマートなカタカナ言葉であった。それ以上でも、以下でもない。意味としては「奉仕のための練達」ということで納得し、それ以上考えることはなかった。よい心構えだし、言葉の響きはきれいだ。それでいい。そんなわけで、関学のメンバーになってから初めの数年の間、マスタリー・フォア・サーヴィスは言葉としてだけ知っていた。良くも悪しくも「お飾り」だったのである。

3　バブルとポストモダンの気分

僕が就職した八〇年代後半から末にかけては、三田キャンパス開設の問題で学内に亀裂が走り、緊張が高まっていた時期である。社会学部の教授会でも夜遅くまで怒号が飛び交うようなこともあったが、僕個人に対してはみな紳士的に接してくれた。学部長のE先生からは「学内に対立があるけれども、気にせずに自分の研究に専念しなさい」と言われた。人事選考委員として僕を推薦してくれたM先生やR先生、T先生からも同じ事を言われた。僕もそのつもりでいたので、しんどい思いをさせられることはなかった。そもそも新米で研究と教育だけしていればよかったのだ。いま思えば気楽なものである。

僕はさっそく博士論文を日本語で書き直すことから始めた。学会や研究会で発表をし、論文もいくつか書いた。プロの研究者としてそこそこ無難な滑り出しだったといえる。しかし、一、三年もすると先が見えなくなってきた。時代はあのバブル全盛期である。浮き足だつような消費社会の空気が日本全体を包んでいた。それは大学も例外ではない。関学は立教や青学などと同じ「お洒落なミッション系私学」として、一気に偏差値が上がったくらいだ。「ワンレン・ボディコン」、「ブランド」、「エステ」、「カタカナ職業」、「ポストモダン」の気分。ゼミの学生と接していても、この熱い乾いた空気は肌で感じとれた。それは新鮮で刺激的な経験だったが、同時に、アメリカ時代から自分の研究に根本的な変更を迫るものでもあったのだ。

僕がウィスコンシンで専攻したのは社会学理論である。指導教授のセレニィ先生はハンガリーからの亡命知識人であり、アメリカだけでなくヨーロッパの社会理論も広く学ぶことができた。修士論文ではマックス・ウェーバーの「カリスマ」概念を取り上げた。[注2]博士論文ではウェーバーとアルヴィン・グルドナーを中心にして知識人の「批判社会学的」理論の構築と実証分析を試みた。これは広い意味での「批判理論」の流れに連なる思考法であり、その源流はマルクスにある。ただ、二〇世紀の資本主義社会の現実を踏まえ、経済主義や教条主義に傾いたマルクス主義を批判し、人間心理や文化や政治に対する洞察を導入するために、ウェーバー、フロイト、フランクフルト学派、構造主義などさまざまな理論を活用する点に特徴がある。しかし、いろいろ工夫し、知的柔軟性をとりいれても、やはり「社会の進歩」や「人間の解放」といった近代主義の理念を継承していることに変わりはない。批判理論はどこまでいってもマルクス主義に対するマルクス主義的批判であり、近代主義に対する近代主義的批判をこえることはないのだ。

ところが、ポストモダン思想は「社会の進歩」や「人間の解放」といった「大きな物語」が信憑性を失っているという事態をあっけらかんと指摘した。まずは、社会主義の理想の失墜がある。旧ソヴィエト・東欧の体制が音を立てて崩れていった。そして何よりも、先進国における「豊かな社会」「大衆消費社会」の爛熟がある。水が商品（ミネラルウォーター）になり、昔話の「肥えた」お金持ちのイメージが消え去り、「不倫」「変態」は「フリン」「ヘンタイ」になり、「就職浪人」は「フリーター」になった。フランス革命やロシア革命に立ち上がった民衆の夢「誰もが食うに困らず好きなように生きられる社会」がほぼ実現されてしまった。近代の理想は飽和してしまったのだ。そうすると「人間解放の物語」を掲げる知識人＝指導者もお払い箱だということになる。

それまでの知的傾向からして、僕はポストモダンの気分には戸惑うことが多かった。しかし、他方では気分的に波長が合ってしまう自分を認めないわけにもいかなかった。バブル時代の華やかなキャンパスで「お洒落なミッション系」教師生活をエンジョイし始めたところだから、なおさらだったかもしれない。自分の「批判理論」にはどこか背伸びがあり、無理があるような気がした。博士論文を日本語に書き直して一冊の本として出版するよう勧めてくれた人もいたが、どうも気乗りがしない。根本的なブレークスルーがなければ一歩も先に進めない状態に陥った。お先真っ暗で一人悶々としていた時期もあったのである。

しかし、そのうちに「まァ、のんびりしようや」「ガンバラナクテモイイヤ」という甘い囁きが聞こえてきた。しばらく時代の波に漂っていよう。そのうち何か新しい方向が見つかるだろう。いや、見つからなくてもいいや。適度に教えて、適度に論文を書いて、教員としての務めはきちんと守るようにして、あとは楽しくやっていこう。そうしたって誰に咎められるわけでもない。それほど業績のない教員だってたくさんいて、みんなマイペースで楽しくやっているのだ。教員の定年は六八才まで保証されている。ゆっくり大過なく、趣味もひろげて、関学ライフを楽しんでいこう。それでいいや・・・。僕はこの甘い囁きにしばらくの間、耳を貸したのである。

4　モラトリアム人間の回想

ここで僕が失速した背景には、もう少し個人的な事情もある。アメリカでの六年間の修行生活の疲れが出たのだろう。二〇代後半という時期に確たる見通しもなく外国の大学院に長くいたりすると、誰だって不安を抱えるものである。好きなことをやっているだけに、自分の才能や資質、将来の就職口など気にかかる。

僕の場合、人一倍の緊張感があったと思う。東大法学部から大蔵省という、当時もっとも盤石と思われた人生コースから降りて、留学を続けていたからである。最初の二年間は国費留学だったが、その時点で辞めようと思った。周囲の説得もあり、両親の心配もあったので、その後三年間は無給休職という形になった。最後の一年間はまったくフリーの大学院生だった。授業料や生活費など不安だったが、結果的に、ウィスコンシン大学は僕の留学生活を手厚く保護してくれた。ティーチング・アシスタントやリサーチ・アシスタント、非常勤講師、さらには特別研究員（フェロー）など、切れ目なく仕事や奨学金をくれた。外国人を分け隔てせずに遇してくれるアメリカの懐の深さに感じ入った。もっとも、この時期の僕はアメリカでもやはり敬語が必要なのだということを身をもって学んだ気がする。

一番不安だったのは、はたして自分は学問に向いているか、研究者としての能力や資質があるのかという点だった。僕は大学入試から公務員試験まで、受験勉強をゲームのようにみなしてきた面がある。しかし、受験勉強と学問は違うのだ。受験のコツは「わかる問題」と「わからない問題」を瞬時に判別し、「わかる問題」だけに全力を注ぐことである。つまり、「わからない問題」を見つけて捨てるということである。ところが学問研究の場合、まさにこの「わからない問題」をじっくり見きわめ、長い時間をかけて解いていくのである。受験のためのトレーニングは基礎知識を身につけるためには有益だが、自分で問題を見つけ、根気よく追究していくためにはかえって害になる。僕は受験勉強の弊害を身をもって思い知らされることになった。

また、少し別の問題だが、学部生時代に身につけた法学の論理性とはまた別の、社会理論的、「思想・哲学」的な論理性を身につけることも大きな課題となった。法学部の試験や公務員試験で重視される法解釈学は整然とした論理体系を重視するが、それは良くも悪しくも形式的で静的なものである。ところが、社会理論の場合、迫力あるものであればあるほど、その論理性は実質的で動的なものになる。僕は若いマルクスやアドルノやフーコーを読みながら、そのダイナミックな論理性に感嘆させられると同時に、自分にできるかなという怖れを抱いた。指導教授のセレニィ先生も懐の深い「弁証法的」論理の使い手で、ゼミの時間にはいつも感動させられた。彼がコメントしてくれると、僕の凡庸な論文でもにわかに生気をおび、静止した概念やカテゴリーも動きだすような気にさせられた。それは隠喩やレトリックを駆使した「文学的」

論理でもあるのだが、僕はそのなかに本物の「知識人」をみる思いがした。ふり返ってみれば、それまでの僕はそうした「知識人」と親しく交流する機会をもったことがなかったのである。もともと「文学的」社会理論や哲学・思想に憧れがあって、法律、経済、財政、行政など職務上有益な方面にはいま一つ興味が持てなかった。留学の機会をとらえて社会学を選んだのだが、いざ本物の「知識人」に接してみると、自分もなれるかなという期待が高まる反面、ダメかなという不安も高まったのだ。

もう一つ、大きな心配があった。いうまでもなく、就職である。僕が役所を辞めて留学を続行しようと思った理由は、一つは社会学を研究して一人前の「知識人」になりたかったからである。しかし、それと同じくらい、職業の再選択として「大学教授」になりたかったのだ。「大きな仕事ができる」「父親の期待に応えられる」「何といってもエリート・コースだ」など、深く考えもせずに大蔵省に入ったのだが、二年間の徒弟奉公をしているうちに、どうも自分は組織には向いていない気がしてきた。官僚は何といっても組織人である。強大な権限をもつ官制、「天皇の官僚」の時代から国家を背負ってきたという自負と団結、その組織に身も心も一体化してはじめて個々のメンバーは「大きな仕事」ができるのだ。もちろん、それは悪いことではない。腹をきめてしまえば、これほどやりがいのある職業コースはそうあるものではない。しかし僕の場合、経済や財政に関心が薄いだけでなく、「文学的」夢想に気をとられることがあった。

学問とか思想とか芸術とか、何かしら自分一個人の力で世の中に認めてもらうような生き方をしたかった。日本的なムラ組織では魅力ある個人は育たないなどと、生意気なことも口にしていた。好んで大組織に所属しながらも腹の決まっていない、当時流行の「モラトリアム人間」だったのだ。

5　上ヶ原牧場の羊になる

「知識人」になりたかったのだから、独立の思想家や批評家にも憧れていた。あの三島由紀夫は大蔵省を一年で辞めて文学に専念した。しかし、僕は三島ではないのだ。現実の選択としては社会学の「大学教授」がいいと思った。それに当時の僕は業界の実情を知った今よりもはるかに高く、この職業を仰ぎ見ていたのである。それでも現実に休職願いを出し、ついには辞職願いを出すときにはさすがに緊張した。どこかまともな大学に就職できなかったらどうしようと不安になった。大げさに言えば、「清水の舞台から飛び降りる」気分だったのである。当時、セレニィ先生に亡命時の気持ちを聞いたら「暗闇への跳躍だよ」(Jump into darkness!) という答えが返ってきた。体制批判の本を書いて当局ににらまれた「知識人」の心境と、個人的な生き方の選択に悩む一学生の心境を並べるのもおこがましいが、それでも何か勇気づけられた気がした。

就職に関しては、その後何度か現実の厳しさを思い知らされた。その度に不安感が高まったのだが、すでに書き記した通り、それほど時を経ないで僕は関学という新天地に軟着陸することができた。幸運だった。安心した。しかも美しいキャンパス、気持ちのよい教員、職員、そして学生たち。それでも当初は新しい世界に緊張気味だったが、しだいに関学生活に慣れてきた頃、すでに書いた研究上の壁にぶつかったのである。ここで緊張の糸が切れた。どっと疲れが出たのだ。「まァいいや、もうガンバラナクテモイイヤ」「適当に教えて、適当に論文を書いて、教員としての務めは守るようにして、あとは楽しくやっていこう」、「ゆっくりのんびり、関学ライフを楽しんでいこう」・・・。

関学に慣れると上ヶ原牧場の羊になる、という話をよく耳にする。あまりにも居心地がいいので、人間がまるくおだやかになり、野性味を失うらしいのだ。その時、僕も羊になりかけたのだと思う。いや、しばらくの間、羊になったのだ。そして、あのスクール・モットー、マスタリー・フォア・サーヴィスは上ヶ原牧場の正面に掲げられた看板になったのだ。以来、僕のなかには羊が住みついている。それは必ずしも悪いことではない。僕は自分のなかの羊を否定しようとは思わない。

とはいえ、狼もいるのだ。羊の眼だけでなく、狼の眼も使って物事を視るとき、マスタリー・フォア・サーヴィスはたんに小綺麗でスマートな飾り文句ではすまなくなるだろう。「主人」と「召使い」の矛盾と緊張がよりよく見えてくるだろう。その事情に眼を転じよう。

二　マスタリーの季節

1　マスタリーの季節

正確に憶えてはいないが、二年ぐらいは羊になっていたと思う。新しい事には手を出さず、おとなしくのんびり過ごそうと思っていた。しかし、しばらくすると、狼が頭をもたげてきた。貧乏症のガンバリズムが復活したのかもしれない。それには外からの刺激もあった。一番大きかったのは父の死だったと思う。一九八八年四月のことである。いつも不運や不遇を嘆いていたが、終わってみれば好きなように生きた人生だった。春爛漫、遺骨を抱えて火葬場の門を出るとき、涙が溢れ出て止まらなくなった。しかし、力がぬけたというのではない。反対に、不思議なほど気力が満ちあふれてきた。そして翌年一月、昭和天皇が逝った。父とほぼ同じ症状をたどったこともあり、他人事とは思えなかった。涙は出なかったが、深い感慨を覚えた。ちょうどその頃、大友克洋のアニメ映画『アキラ』を観た。一つの時代を葬った後の、熱く乾いた興奮が残った。僕は急に元気になった。

これは軽い「葬式躁病」のようなエピソードだが、そこにはもっと特殊な事情もあった。父が逝き、昭和天皇が逝って、僕はこの世の天井が吹き飛んだような奇妙な感覚に襲われた。不遜な「自由」の感情と言ってもいい。これで僕の背丈を制限する天井、何か「権威」のようなもの、それが消え去ったのだ。そうだ、「主人」がいなくなったのだ。だとすれば、今からは自分自身が「主人」になるのだ。そうならなければならない！・・・もちろん、天皇になろうとか、そんなことではない。当時僕が置かれた状況からして、それは自分にしかできない、既成の権威に縛られない自由な業績をあげ、一人前の社会学者になること、一個の独立した「知識人」になることを意味した。とにかく、先人の仕事をなぞっていくだけではだめなのだ。たとえ小さくても、誰にも真似のできない仕事をして、知の世界で一個の「主人」になるのだ。

それにもっと平凡な「あせり」もあったのだ。関学の社会学部には日本の社会学をリードする優れた研究者が何人もいる。新進気鋭の同僚も続々と加わってくる。のんびりしてはいられない。公募で僕とポストを争った人たちの名前をいくつか知ることになったのも大きい。三〇名の応募者のうち、誰から見ても一流の経歴と業績をもつ候補者が少なくとも三人はいたらしいのである。僕から見ても、好みの問題はさておき、三人とも憧れの「知識人」であることに変わりはなかった。僕が選ばれたのは、彼らよりも七、八才若いということや、学会に人間関係がないことがかえって有利に考慮されたのだろう。いずれにしても、自分は社会学者としての業績という土俵で、彼らに追いつかなければならない。そう思うと、かなりの重圧を感じたのも事実である。上ヶ原牧場の羊を決め込んでいる場合ではなくなったのだ。

やる気になった僕は大学院生時代からの「批判理論」の研究にひとまず見切りをつけた。そして、それまで羨望と軽蔑の眼で流し読みしていたボードリヤール、ドゥルーズ、フーコーなどのポストモダン系の理論をきちんと消化しようと思い立った。とくに関心があったのは消費社会における「主体の変容」だったが、当時神戸女学院にいたU氏にいろいろ教わることが多かった。U氏はポストモダンをたんなる流行ではなく一つの新しい「生き方」の問題として的確につかんだ「知識人」の一人だった。彼との交流を通じて、僕はポストモダン思想の基礎を学んだだけでなく、その限界も以前より明確に把握することができるようになったと思う。

ポストモダニズムといえば、「この世界には根拠などない」「価値はみな相対的だ」「知識人は死んだ」などという破壊的な言辞が目立っていたが、僕自身はそうした考え方に共感しながらも、だからこそ次のステップが大切なのだと考えた。世界に根拠がないこと、不動の価値などありえないこと、一昔前の大知識人はもうお払い箱になったことを自覚するからこそ、新しく根拠を立て価値を創造するゲームとしての知。「どうせ何をしても砂上の楼閣にすぎないのだから、何でもアリだ」と開き直るのではなく、「砂上の楼閣こそこの世界なのだから、できるだけ美しい楼閣をつくろう」と思ったのである。そうした僕の姿勢を「ポストモダンに流されている」とか、反対に「まだまだモダンだ」とか言う人もいたが、「モダンでもポストモダンでもない」と的確に評してくれる人もいた。

いずれにしても、僕は再びガンバリ始めた。ポストモダンの洗礼をうけて新しい社会的人間像を創造し、社会理論の新たな地平を切り開くこと。借り物でない、本物の知識・思想の「主人」となること。それによって学会からも社会からも認められる独立の「知識人」になること。これが僕の目標になった。その後の七、八年はそのために費やされた。・・・ひたすら自己修練、自己確立、自己完成、自己克服に向かう人生の季節。すぐれて「自分のため」の季節。僕はこれを「マスタリーの季節」とよんでいる。

2　ニーチェと主人道徳

さて、新しい研究の方向を模索しながら、たどり着いたのはニーチェだった。ニーチェはポストモダンの源流とされている。それまでは敬遠していたのだが、読み始めたらすっかりハマってしまったのだ。ニーチェは哲学や思想史、ドイツ文学などの領分であり、社会学者が取り上げるのは異例である。しかし、学界の縄張りはどうでもいい。たとえ専門の社会学研究として認められなくても、悔いることはないと思った。僕にとって、ニーチェはそれほどに新鮮で魅力的だったのだ。

ニーチェは「哲学者」の代名詞のように思われている。そして、哲学者というと「頭のいい人」というイメージがあるだろう。しかし、ニーチェの本質は「頭のよさ」ではない。「勇気」である。認識の勇者、知の荒武者、それがニーチェだ。何事もほどほどに、おだやかにしようとする羊たちにとって、ニーチェは知の狼にほかならない。では、彼は何に向かって牙を剥いたのか？「奴隷道徳」に対してである。これは他人事ではない。なぜなら、「奴隷道徳」こそ近代人の、つまり、ニーチェ自身の精神を形づくっていたからだ。この「奴隷道徳」を克服し、新しい「主人道徳」を打ち立てること。卑俗な「人間」を克服し、高貴な「超人」を生み育てること。ニーチェは自分自身を実験台にして、認識の海へと船出したのである。

ニーチェによれば、主人と奴隷は「よい」「わるい」の価値評価（道徳）において決定的に対立する。主人が「よい」と評価するのは、高貴であること、強いこと、美しいこと、幸福なことである。主人は、力強い肉体、若々しい、豊かな、泡立ち溢れるばかりの健康、並びにそれを保持するために必要な種々の条件、すなわち、戦争・冒険・狩猟・舞踏・闘技、そのほか一般に強い自由な快活な行動を含むすべてをほめたたえる。［注3］ところが、奴隷の目には、勝ち誇る高貴さ、強さ、美しさ、幸福は「わるい」ものに思える。むしろ、卑しさ、弱さ、醜さ、不幸、そこからくる「謙虚さ」「善良さ」「やさしさ」、それが「よい」ことなのだ。主人は強く美しい自分たちを「優れた」人とし、弱く醜い他者を「劣った」人とみなす。それに対して、奴隷は強く美しい他者を「悪い」人とみなし、ひるがえって弱く醜い自分たちを「善い」人とみなすのである。

子どもに聞けばすぐにわかるが、強く、美しく、幸福なことは「よい」ことである。ところが奴隷道徳はそれを「悪い」という。一体なぜそうした倒錯が生まれたのか。ニーチェはその原因をルサンチマンの心理に求めた。弱者が強者に対して抱く嫉妬、反感、怨恨の心理である。弱者もまた強者になりたいのだ。だが、どうしてもなれない。そこで頭のなかで価値を逆転させ、「高貴な者は悪い」「強いものは悪い」「美しい者は悪い」とするのだ。現実で優位に立てないために、「精神」で優位に立とうとするのである。ニーチェによれば、奴隷道徳は弱者が強者に復讐するための武器なのである。

「すべての貴族道徳は勝ち誇った自己肯定から生ずるが、奴隷道徳は「外のもの」、「他のもの」、「自己でないもの」を頭から否定する」。［注4］主人は自分たちほど強く美しく幸福な者はいないと感じるために、他者を否定しなくても自己肯定ができる。ところが、奴隷の自己肯定は「自分と同類でない者を否定する」という回り道を通る。奴隷は主人という他者へに対する嫉妬や反感をバネにして、はじめて自分を肯定することができる。「自分たちはよい」ではなく「あいつらは悪い」が根本にあるのだ。そして、その反動として自分たちを「よい」「善良である」と感じる。また、主人道徳は自分を能動的に肯定するという意味で「自己中心的」であるが、狭量な「利己主義」を奨励するものではない。溢れ出る力を贈り与えるからこそ、主人なのである。不幸な人をみると、自然にエネルギーを注ぎたくなるが、これもまた自分の快感である。それに対して、奴隷道徳は「自己犠牲」と「同情」を勧める。ここには、同情することは「善い」ことだという道徳意識がともなっている。「自分を犠牲にして、他人のために尽くす私は善人である。利己的な人たちよりもはるかに価値が高いのだ」という醒めた意識がある。奴隷道徳が説く「利他主義」は弱者のための利己主義でもあるのだ。

ニーチェの場合、主人道徳のモデルは古代ギリシア貴族の倫理であり、奴隷道徳のモデルは古代ユダヤ民衆のキリスト教道徳である。本当に古代ギリシアにこんな主人道徳があったのか、キリスト教道徳の本質は奴隷道徳なのかについては異論もある。歴史の現実ははるかに複雑で混沌に満ちている。しかし、ニーチェのいう二つの道徳的価値評価は、歴史的事実を離れても、僕たちの日常の人間評価を見事に捉えていると思う。

ごく大雑把にいうと、僕たちは「すごい人」と「いい人」という二つの基準を使って人を評価している。たとえば、抜群に能力のある人、美しい人、魅力ある人、力のある人などは「すごい人」（その反対は「だめな人」）とされる。これは主人道徳的な人間評価である。他方、人を傷つけない人、とてもやさしい人、攻撃しない人、頼み事を断らない人などは「いい人」（その反対は「わるい人」）とされる。これは奴隷道徳的な評価である。面白いのは、この二つの評価がぶつかってしまうことである。「すごい人」は、嫉妬され反感をもたれた場合、「わるい人」

に格下げされる。逆に、「だめな人」は、まわりに安心感を与え好感をもたれた場合、「いい人」に格上げされる。

このことは僕自身の経験からもよくわかるのだ。元気一杯で未来に希望があるとき、僕は主人道徳的な「すごい人」「だめな人」でまわりの人を評価してきたように思う。反対に、元気がなく自分に絶望している時は、奴隷道徳的な「いい人」「わるい人」で他人を見ている。「すごい人」だと尊敬している人が時にうとましくなり「わるい人」だと非難したくなる時もある。「だめな人」だと軽蔑していた人を「いい人」だと可愛がりたくなることもある。しかも重要なことは、こうした二重の評価は自分自身に対してもされているという事実だ。人は二つの価値評価の間を微妙に揺れているのである。僕は確信しているが、ニーチェはこうした自己評価の二重性をいやというほど体験していたと思う。そして、その体験を冷徹非情に分析しつくしたのだ。自己自身を認識のための実験台にするというのはこういうことである。

「すごい人」か、「いい人」か。偉大（great）か、善良（good）か。これは単純な二者択一ではないが、前者の方が新鮮に思えた。日本でも武士道などは主人道徳的な色合いが強かったが、戦後の「民主主義」教育はそれを徹底的に追放してしまった。その中で育った僕のような人間にとって、「主人道徳」の再発見は魅力的だったのである。いうまでもなく、大切なのは過去に戻ることではなく、未来を構想することである。ニーチェが古代ギリシアからヒントを得ながらも、身分制度のない民主主義社会を前提にして新しい「精神の貴族」を提唱したように、僕もまた前近代的な身分や家柄や財力や権力とは無縁の、新しい「主人」のイメージを構想しなければならない。

こうした視点からポストモダン思想を読み返していくと、いろいろと収穫があったのである。当時流行したポストモダン系の思想は奴隷道徳の批判と相対化に終始し、主人道徳の再興の問題には踏み込まない点に限界があった。しかし、バタイユやフーコーの中には、ニーチェ的な主人道徳の考察をさらに洗練させてくれるような要素がずいぶんあるのだ。たとえば、バタイユの「至高性」や後期フーコーの「生存の美学」がそれである。大学院生時代の正統派「批判理論」の、どちらかといえば奴隷道徳的な観点からみれば胡散臭く、怪しげに思えていたバタイユやフーコーが身近に感じられるようになった。その上、この問題を追究していくうちに、読まず嫌いで反感をもっていた『源氏物語』が面白く読めるようになってきた。光源氏の生涯こそは古代日本の主人倫理をとても洗練された形で示しているのだ。

僕はこうした研究から一冊の本を書くことができた。『アキラ』の衝撃から始まり、ニーチェ、フーコー、バタイユ、そして源氏物語を考察しながら、現代社会における新しい「主人」のイメージを構想した『貴人論』という本である。[注5]「誰にも真似のできない仕事」にはほど遠かったが、それでも随所に自分らしさが出ている。僕の初めての「作品」である。

3　「奉仕の精神」への疑問

こうして研究と著作に没頭した数年間、僕はマスタリー・フォア・サーヴィスという言葉についてほとんど考えたことがなかった。しかし、関学生活のなかでさまざまな機会に目にし耳にする「奉仕のための練達」や「奉仕の精神」の奨励に対しては、しだいに批判的な眼を向けるようになっていた。「奉仕のための練達」という表現は、「練達」をよほど強調しないと、たんなる「奉仕のすすめ」になってしまう。「人に奉仕しなさい」「自分のためでなく、他人のために」「人にやさしく、地球にやさしく」など、いまや日本中に転がっている学校言葉と変わりがなくなってしまう。

そこで僕は考えた。この奉仕の精神がどの学校にもあるようなタテマエの一種だとしたらどうだろう。その場合はそんなにムキになることはない。とはいえ、若い学生たちに対してただのタテマエを語り聞かせているのだとしたら、教育上よくないだろう。ましてキリスト教主義の人格教育を掲げる私学がそんなことをしていたら、学生に偽善を教え込むようなものである。国立大学なら国家に役立つ人材を育てればよい。専門学校ならそれぞれの技術者を育てればいい。また、国立大学のような私学、専門学校のような私学もあるだろう。だが、関学はちがう。キリスト教主義に立つ人格教育を目指す、私学らしい私学である。精神面の理想を掲げるだけに、かえって偽善者を育ててしまうおそれがある。

他方、もしこの奉仕の理想が真剣に受け取られているとしたらどうだろうか。事実、関学の場合、積極的に「奉仕」しようとする学生も少なくないという印象がある。教職員のなかにも「奉仕」を尊重する雰囲気がある。キャンパスでは献血運動が盛んである。阪神大震災では学生ボランティアが大活躍した。障害をもつ学生の受入れに取組み、バリア・フリーを目ざす努力も評価できる。その意味では、奉仕の精神はたんなるタテマエではなく、かなりの程度キャンパスに根づいているようにも思う。その限りでは、偽善の罪は免れている。しかし、それで万事良しということになるのだろうか。ここからが問題なのだ。

困っている人、弱い人を助けることは大切なことである。人としてなすべきことである。消化不良のニーチェで狼気分に酔っていた当時の僕でも、そう思っていた。しかし、だからといって、「奉仕の精神」だけを一方的に強調する雰囲気には違和感をもった。ボランティアの奨励にしても、何だか誰でもすぐにできること、心がけ一つでできることを何かやりなさい、そんな風に聞こえてしまう。「一日一善」の心掛け、「小さな親切」運動のような、夢のない道徳主義に陥るおそれがあると感じた。それなら何も大学まで来て、四年間も勉強する必要はないではないか。学生時代というのは社会的責任を免除されたモラトリアム期間であり、広い視野と知性と能力を身につけ、人間的に成長する時期ではないのか。のちに来る人生のなかで「大きな奉仕」ができるように、学問の修得や集団活動の訓練を通じて自分を鍛えていく時期ではないか。若い自己愛と健全な自己本位を許容して、一人一人がまず何よりも「自分のために」学んでいく場ではないのか。そう思うと、一面的な「奉仕の精神」の強調はそのままでは肯定できなかった。

当時の僕の批判的気分は、「主人道徳」と「奴隷道徳」の区別と密接に関係していた。一言でいえば、「奉仕の精神」のなかに、「いい人」になりなさいという奴隷道徳の傾きを察知したのだ。自分のためではなく、他人のために生きる人。人を攻撃したり傷つけたりせず、弱者や病者のケアのみに生き甲斐を見いだす人。・・・とにかく、「いい人」になりなさい。「すごい人」でなくてもいいから。いや、「すごい人」はエゴイストだから、偉くなどないのだ。本当に偉いのはエゴイズムを捨てた人、「いい人」の方なのだ。だから、一流の「すごい人」になろうなどとガンバラなくてもいい。それよりも、日頃からボランティアを心がけ、平凡でもいいから「いい人」になるよう努力しなさい。その方がまわりの人からも好感をもたれて、幸せな人生を送れますよ。・・・と、こんな感じだろうか。いま思えば、かなり意地悪な見方だったかもしれない。いずれにしろ当時の僕は、「奉仕」よりも「練達」を、「サーヴィス」より「マスタリー」を、と言いたい気持ちで一杯だった。何しろ僕自身が「マスタリーの季節」の真っ最中にいたのである。

4　「関学の雰囲気」への疑問

奉仕の精神への疑問は、関学全体の雰囲気への疑問にもつながっていた。新任教員としての数年間、関学のやわらかな雰囲気が気に入ったことはすでに述べた。僕にとっては小さな異国のようなこの美しい学園に、自らすすんで同化しようとしてきた。実際その結果、僕はある程度「関学的な雰囲気」を身につけたと思う。久しぶりに会ったゼミの卒業生から「関学の先生ぽくなりましたね」としみじみ言われたことがある。雰囲気が明るくなった、服装に気を配るようになった、人当たりがやわらかくなった、ということだろうか。それはいいのだ。関学に同化したのは自分にとってプラスだったと思っている。ただ、問題はもう少し「精神的」な側面なのだ。よく言われることだが、関学にはともすると「小さくまとまる」「自己満足に生きる」ことをよしとする空気がある。何だか「中流市民」「小市民」の枠から一歩も出ようとせず、そこそこ快適で平和な生活ができればそれでいい。「いい人」であればよい。そんな感じが確かにある。一言でいえば、僕と関学のハネムーンが終わり、関学の欠点が目につき始めたのだ。

しかも、その頃（九〇年代初め）に聞いた話だが、関学の学生は日本の学生のなかでももっとも偏差値に敏感な部類に入るという。関西であれば、京大や阪大、神大に対して過剰な劣等感をもつ一方、他の多くの大学に対しては、これまた過剰な優越感をもっている。関学生中心のサークルで、ある女子大の学生が「学歴差別」に会い、さんざんな思いをさせられたなどという話も耳に入ってきた。もちろん、生粋の関学ファンの学生ではないだろう。彼らは関学に憧れて来ているのだから。しかし、多くの学生は偏差値と「イメージ」で関学を選んでいる。そのなかには微妙な劣等感と、その裏返しの優越感からなるコンプレックスを抱えている者も少なくないだろう。そういう学生に対して「奉仕の精神」を一方的に強調するということは何を意味するのだろうか。粗野なものではないにしても、やはりある種の奴隷道徳になってしまうのではないか。スマートな偽善の匂い、薄められたルサンチマン。そういう空気を正当化する機能を果たしてしまうのではないかと感じたのである。

いずれにしても、ニーチェを自分なりに消化し、「奉仕の精神」の一面的強調に物言いをつけるようになってから、僕は初めてマスタリー・フォア・サーヴィスというスクール・モットーについて真面目に考えるようになった。ただのお飾りやイメージ・ワードではなくなったのだ。ただし、Mastery for Serviceという英語で考えていたのではない。その訳語とされる「奉仕のための練達」がキャンパスのなかで口にされるときの意味合いを中心に考えていたのである。一九九三年頃だと思うが、社会学部の同僚O氏の結婚祝いの席で、やはり同僚のM氏がスクール・モットーを話題に出したことがあった。「マスタリー・フォア・サーヴィスというのは、奥が深い。主人と奴隷の弁証法が入っている。思想的にも面白い」というような発言だったと思う。その時、僕は眼から鱗が落ちる気がした。そうか、マスタリーとは「マスターになること」

「主人になること」だったのだ。そして、サーヴィスとは「サーヴァントになること」「召使いになること」である。これは巧みな表現で、「主人」と「召使い」という正反対のものを結び合わせているのだ。

ヘーゲルの「主人と奴隷」の話は西洋哲学史の常識である。主人となった者がその地位を維持するために奴隷たちの承認に依存するようになり、ついにはその奴隷になってしまうという逆説。主人が奴隷になり、奴隷が主人になるという、対立物の相互転化の話である。もちろん、マスタリー・フォア・サーヴィスの場合は、「奴隷」（slave）ではなく「召使い」（servant）であり、主奴の権力闘争が強調されているわけでもないから、ヘーゲルの話とは別物である。しかし、「主人」がその反対の「召使い」になるという逆説を述べている点ではよく似ている。いずれにしても、関学のスクール・モットーは西洋哲学の中核にあるイメージの一つ、「主人」と「奴隷」（「召使い」）の関係を取り込んでいる。ニーチェのいう「主人道徳と奴隷道徳」もその一例である以上、マスタリー・フォア・サーヴィスとも血縁関係があるのだ。僕がニーチェをきっかけにして関学のモットーを真面目に考えるようになったのも決して偶然ではなかったのである。

5　主人と召使い

考えてみれば、マスタリー・フォア・サーヴィスが「主人」と「召使い」の関係を示すというのは、あまりにも初歩的な話である。僕も学内のスピーチや印刷物で一度や二度は見聞きしていたにちがいない。次のように明快な解説がはるか以前になされている。

先ず、masteryという単語の原義は、「masterであること」であり、serviceのそれは「servantであること」である。masterとは「支配権を持つ人、主人」であり、servantとは「召使い」のことである。したがって、このモットーを別の言葉で表現すれば、「召使いたるために主人であれ」という大変矛盾したことになる。［注6］

だから僕もこうした説明に触れていたにちがいないのだ。しかし、M氏の何気ない話を聞くまでは気づかなかったのである。おそらく、M氏が僕と同じ社会学理論の研究者であり、また、その口調が関学のモットーを外側から分析しようとしていたことが効いたのだろう。その時はじめてマスタリー・フォア・サーヴィスから「主人」と「召使い」のイメージが浮かび、そこに含まれた逆説や緊張感が実感できたのだ。

それとともに、「奉仕のための練達」はMastery for Serviceという表現のもつ奥行きを十分に伝えていないことが判明した。まず、「奉仕のための練達」では、「主人」と「召使い」という正反対の二つの人間像がほぼ完全に消えている。「奉仕」は何の抵抗もなく「練達」に結ばれているが、それではだめなのだ。マスタリーとサーヴィスの間の緊張や葛藤、対立や矛盾、それを考えさせるような言葉でなければ、とても原語の意味を伝えているとはいえない。また、マスタリーを「練達」(「錬成」)の一語で表すのは苦しい。もちろん、「英会話をマスターする」「経済学をマスターする」という意味では「練達」は適切である。大学のモットーである以上、「学問の練達」ということが前面に出てくるのはよい。しかし、この学問、スポーツ、芸道などの「練達」はあくまでも「主人であること」から派生している。だからこそサーヴィス=「召使いであること」との間に矛盾や緊張が生じてくるのだ。「奉仕」という言葉からサーヴァント=「召使い」「下僕」を連想するのも容易ではない。が、それ以上に「練達」からマスター=「主人」「支配者」を思い浮かべるのは至難の技である。

当時の僕は、この「練達」を目にするたびに、なぜ「主人」と言わないのかと、もどかしく感じることが多かった。関学の広報誌やパンフレット類を手にとっても、マスタリーの説明が弱い。腰が引けているのである。それは現在まで続いている。むしろ、阪神大震災でのボランティアの活躍を機に、マスタリー・フォア・サーヴィスはたんなる奉仕活動やボランティアの精神と同一視される風潮が目立ってきた。たとえば、次のような説明はどうだろうか。

サービス、その言葉は本当はとても深い意味を持った言葉です。奉仕すること、自分の持っている豊かさ、自分の能力、時間、健康、そして物質的な豊かさ、それを誰かのために用いること、それがサービスです。しかし、決して人に言われてではなく、自分が自分でそうしようと決めて実行する、つまりマスタリー（主体性）を忘れてはいけないということでしょうか。・・・［注7］

この後すぐに関学生がいかに震災ボランティアで活躍したかという話が続く。それはいいのだが、この程度の説明では「マスタリー」が可哀そうである。「人から言われてではなく、すすんで奉仕しなさい」とか「主体性をもって奉仕しなさい」くらいの話なら、中学生だって聞かされている。とにかく、「マスタリー」ということを真剣に考える努力が足りないのだ。その本来の意味が「主人であること」「支配者であること」を正面から見ようとしない傾向が強いのである。

僕は被災者の一人として、震災時の関学生の活躍を誇りに思っている。しかし、マスタリー・フォア・サーヴィスをいわゆるボランティアや福祉活動に限定してはいけないと思う。わかりやすい話だが、災害救助をとってみても、学生ボランティアや福祉活動だけで人々を救えるわけではない。震災直後の瓦礫の街を歩き回って実感したことだが、当時もっとも頼りにされたのはボランティアではない。医療チームや自衛隊だったのだ。当たり前のことだが、それだけの装備と実力を備え、混乱した人々の動きを一時的に支配できるからこそ、人の命を救うという大きな奉仕ができるのである。その意味では、医師や看護婦になり、あるいは自衛官になり、厳しい訓練を積んで災害救助に力を発揮したいというような志もまた、マスタリー・フォア・サーヴィスの精神に合致しているのである。

こんな風にして、九〇年代の後半まで、僕はマスタリーに軸足をおいて関学のスクール・モットーについて自分なりに考えていた。とにかくマスタリーが軽視されている。その反面、サーヴィスが「奉仕の精神」として一面的に強調されている。「立身出世」が人生目標として公然と奨励された時代と違い、今はボランティアや福祉活動がマスコミその他で持ち上げられ、「ボランティア入試」が始まり、内申書のためにボランティアする高校生まで出てきた時代である。マスタリーぬきのサーヴィス強調には、かえって世間やマスコミに媚びている印象さえ受ける。「マスタリーの季節」のなかで、僕はそんな風に感じていた。

三　サーヴィスの季節へ

1　「仕事をする」ということ

あえて偽悪者を気取ってみよう。「僕はこれまで自分を犠牲にして他人のために生きようなどと考えたことはない。むしろ、自分を活かすことこそが他人のためになると思ってきた」。しかし、これは悪い考えだろうか？　奴隷道徳的にはそうかもしれないが、主人道徳的にはそうではない。そして、僕は奴隷道徳よりも主人道徳を好む。だとすると、僕は偽悪者を気取ったことにはならないだろう。反対に、「自分が悪人であることを知っている」という素振りを見せることで、へたな偽善者を気取っていたのだ。

関西学院大学で教員生活を始めてから一〇年ほどの間、僕はひたすら「自分のために」生きてきたと思う。それ以前はもっとそうだった。もちろん、結果的に「他人のため」になったこともあったと思う。また、個々の場面で人の力になりたいと思い、手助けしたこともある。喜んでくれて、とても嬉しかったこともたくさんある。けれども、「他人のために」を自分の人生目標として意識したことはない。ましてや、何の魅力も感じない人からそんな説教をされると、かえって嫌悪を感じたものだった。

それは今でも基本的には変わってはいない。ただ、九〇年代の終盤、年齢でいえば四〇を過ぎた頃から、「人のため」に対する感覚が微妙に変化してきたようなのである。何だか「自分のため」だけでは人生面白くないように感じ始めた。やはり「他人のため」「世のため、人のため」、表現は何であれ、自分一個人とか家族とか、そのためだけでなく、もっと広い社会、見知らぬ人も含めて、たくさんの人々の人生に貢献するような仕事をしたい。そうでないと、大きな目で見たとき、結局は「自分のため」にもならないだろう。

自分には不必要でも、他人には必要なことがある。自分には退屈でも、他人には面白いこともある。ときには自分を犠牲にしても、他人に奉仕しなければいけないこともある。それを全体としてとらえれば、けっこう嬉しいことだったりする。まして、他人への手助けが現実に有効であれば、なおさら嬉しい。そうなれば、大きな意味では、自分を犠牲にしたのではなかったのだ。これまで「他人のため」「社会のため」などという話には警戒心が働いたのだが、これからはもっと素直にとっていいのかもしれない。今まではマスタリー一本でやってきたが、これからはサーヴィスも考える時期かもしれない。いや、それでこそマスタリー・フォア・サーヴィスなのだ。そんな風に思うようになった。

何だか急にいい子ぶって、と不審に思う人もいるかもしれない。四〇を過ぎて保守的になっただけだ、と勘ぐる人もいるかもしれない。たしかに微妙とはいえ大きな心境変化なので、そこには大小さまざまな要因があるにちがいない。ただ、僕の場合、一つだけ明確なきっかけがあった。それは「仕事をする」ということ、それも一人ではなく他人とともに、他人を相手に「仕事をする」という経験が重要だったのだ。もちろん、以前は仕事をしていなかったわけではない。それでも、うまく言えないのだが、その頃になって初めて「仕事をする」という感覚が身についたのである。

いうまでもないが、仕事はたんなる収入のための手段ではない。僕の場合、「仕事をする」というのは、「他人とともに他人を相手にして、社会に通用する物事を創り出すこと」である。「社会に通用する」という条件を加えたのはアマチュアの趣味と区別したいからだ。あくまでも真剣勝負で社会にかかわり、何らかの「結果」を出すこと。また、「結果」を出す責任を引き受けていること。報酬にかかわらず、プロ意識のともなう仕事。これが僕が実感した「仕事」である。そうした仕事の経験のなかで、僕はマスタリーの重要性を再認識すると同時に、サーヴィスということ、奉仕すること、召使いになることの必要性に気づかされた。その事情を、大学教員の職務の三本柱である、研究、教育、学内行政の順に振り返ってみたい。

2　読者へのサーヴィス

話が前に戻るが、最初の本を出版した後も、僕の研究生活は順風満帆に進んだわけではない。ニーチェや源氏物語を取り上げることで、社会学のメインストリートからずれる方向に踏み出したために、いろいろな不都合や不安も生じたのである。一年のうち半分くらいは、これでいいのかな、もっと普通の研究をした方がいいんじゃないか、などと弱気の虫に悩まされていた。そういう時は身体半分を上ヶ原牧場に預ける気分でしのいでいた。その意味では、関学の「微温的雰囲気」は有り難かったのだ。

とはいえ、方向性は決まっていたので、それなりに論文を書き継いでいくことはできた。ニーチェを下敷きにしたフーコーの権力論や北野武や村上龍を題材にした他者論など、新しい展開もあった。阪神大震災の「社会地図」をつくる調査なども手がけた。そのうち、僕も一人前の社会学者になったなあ、という手応えを感じるようになった。「独立の知識人」への道はまだだが、確実に歩を進める感触をもてるにいたった。ウィスコンシンの時代、関学着任当初の頃から比べれば、ずいぶん遠くまで来たものだ。「知識人」の高峰も肉眼で仰げるところまで近づいてきた。

その頃から僕は研究の内容や対象とは別に、研究の表現手段としての「言葉」に関心をもつようになった。続々と出版される社会学の論文や本を読んでいても、過度に「専門的な」用語やえせインテリ風の言い回しが気になってきたからである。著者本人が何を言っているのかわかっていない文章はすぐに見抜けるようになった。本や雑誌で読んだ話や、どこかで聞いた言葉を、自分でよく吟味せずに、右から左へパスしているような論文。一つ一つの言葉を大事にせず、ただアタマでコピーしているだけの文章。新しくアタマに入った学術語、専門語、翻訳語を、カラダになじんだ生活語、日常語、在来語とつきあわせて消化する努力をしないで、ただ大げさに有り難がる風潮。これは学生たちも含めて、現代日本の風潮そのものなのだが、とくに学者や研究者というプロの書き手の責任は大きい。当時、大学院生を指導する立場になったこともあって、「言葉」の問題、表現の問題をきちんと考えておかなければならないと思うようになった。

僕はこうした問題関心から、社会学部の専門科目の授業で「言葉」の意味やイメージの問題を取り上げるようになった。たとえば、「エスニシティ」「ジェンダー」「他者」「市民」「権力」「恋愛」など、社会学研究の上でも社会生活の上でも重要な言葉を選んで、学生の使用法やイメージについて調査し、それを資料にして分析していくのである。学術語の「他者」と日常語の「他人」はどう違うのか。社会学の「エスニシティ」と日常語の「エスニック」はどう関連するのか、などを考えるのである。この作業が大きな刺激になって、僕はやがて新しい本を書くことができた。『ことばの臨床社会学』という本である。[注8]この本にいたって、僕は初めて

「読者にサーヴィスする」ことの醍醐味を知ったような気がする。以前も読者を意識し、平明に書くことを心がけてはいた。それでも、「誤解されると困る」とか「ここは叩かれるぞ」といった、学界の内輪向けの配慮が大きかったように思う。この本の場合は、「自分の言葉を読者に送り届けよう」「言葉を受け取ってもらおう」と気を配ったのだ。そして、読者として研究者だけでなく学生も想定してみた。

結果として、『ことばの臨床社会学』はたくさんの学生が読んでくれた。「テキストだというので読み始めたら一気に最後まで読んでしまった」「自分がいかに言葉を大事にしていないか気づかされた」「気になる言葉を取り上げて調査を始めた」など、手ごたえのある読後感が耳に入ってきた。ゼミ生と雑談していても、本の内容をもじった会話が増えてくる。「読んで良かった」「ためになった」と言ってもらえるほど、書き手として嬉しいことはない。ふり返ってみれば、最初の『貴人論』の時も熱心に読んでくれた学生はいた。しかし、大多数の学生にとっては、専門用語や概念構築が自分とは縁遠い世界に感じられたようだ。書き手自身が学界や思想界からの評価を何よりも気にしていたのだから、当然の結果だろう。今度は、多くの学生たちに通用し、それなりの知的刺激を与え、自分の力で物事を考えていくことの面白さを知ってもらうことができたのだ。

しかも、それだけではない。プロの研究者のなかにも僕のメッセージを的確に解読し、評価してくれる人も少なからずいたのだ。「しろうと向け」に書くということは、必ずしもレベルを下げることではない。そのことを僕は初めて知った。たしかに、概念の厳密さや論理構築の徹底性、全体の体系性、先行研究との関連づけなど、いい意味でのアカデミックな専門書のもつ利点は犠牲にしなくてはならない。しかし、他方では、レベルが上がる面もあるのだ。「くろうと」同士は基本的な概念や論理展開に関してその筋の暗黙の了解を尊重してしまうことが多い。なかには裸の王様のような了解もあるのだが、子どもの役を買って出る人にはリスクが大きいのだ。ところが、「しろうと」に言葉を送り届けようとすると、書き手もまた「しろうと」の立場を想像しなければならない。すると、書き手である研究者自身の無知やその筋で通用している知識の落とし穴が見つかったりする。これを丁寧に考えていくと、「くろうと」向けの本では得られない新しい発想が閃くこともあるのだ。読者へのサーヴィスは、読者が喜んでくれるというだけでなく、著者自身の認識を深めてくれるという意味でも、とても有益なことなのである。

この本とほぼ同じ時期に僕はもう一冊本を書いている。ニーチェの『ツァラトゥストラかく語りき』を自分の言葉でコンパクトに翻案する試みで、『ニーチェ・賢い大人になる哲学』という本である。［注9］今度は読者としてさらに広く一般のサラリーマン、社会人を想定した。初めての「一般書」的な本を書くなかで印象に残ったのは、プロの編集者との共同作業だ。ビジネス書中心の出版社なので、編集者は「売れるか、売れないか」を非常に厳しく考える。サラリーマンとしての実績評価にも直結するのだ。僕より一回り若い人だったが、一般読者の代表として、学術出版社ではしないような注文をどんどん出してくる。原稿を丁寧に読んで、一般世間には通用しない類いの表現や言い回しを一つ一つ的確に指摘してくれる。この時初めて、本を書くことを本格的な「仕事」として意識させられた気がする。多少の戸惑いもあったが、結果的にすっきりした本になり、研究者や学生だけでなく一般読者にも恵まれることになった。

それからしばらくして、一般読書人向けの新書を書く機会に恵まれた。『変身願望』という本で、他の本に収めていた二つの論文をもとに書き上げたのだが、手軽なサイズと手頃な値段で自分の考えをたくさんの読者に届けることができるのは大きな喜びだった。［注10］あとで知ったのだが、ベーツ先生はマスタリー・フォア・サーヴィスの精神を解説しながら、「学者は知的海綿であってはならない」と言っている。知識を吸い込むだけで自己満足していてはいけない。自らすすんで社会のために吐き出さなければいけない。その意味でも、研究者が新書のような形で社会に知識を披露するのはよいことなのだと改めて思う。ただし、この本の場合、文章が硬く内容も噛み砕かれていない部分がかなり残っている。まだまだ読者へのサーヴィスが足りなかったのだ。本気で「読者の召使いになる」くらいの心構えがあれば、より良い本になったはずである。

3 学生へのサーヴィス

さて、ようやく授業の話になった。学生のために講義やゼミを主宰するということが大学教員の義務であり、また特権である。しかし、ここまであまり授業の話が登場してこなかったのは、僕の意識の持ち方を反映していたにちがいない。一言でいえば、自分を「教師」であるより先に「研究者」として考えてきたのである。僕にとってのマスタリーが何よりもまず学問・思想の「主人となること」、一人前の社会学者となること、さらに独立した「知識人」となることにあったことはすでに述べた。研究者としての自己確立を目指すとき、「教育者としてのマスタリー」はどうしても二次的な目標になってしまう。そのことを痛感したのも、やはり着任後一〇年を過ぎた頃だったと思う。

「研究」を重視して「教育」を二の次にするというのは日本の大学教員の一般的なパターンで、僕もその例外ではなかったのだろう。ここには学者世界の文化や大学の評価制度の問題がある。学会や社会で教員が評価されるとき、授業の質が問題にされることはまずない。大学内の評価も論文や著書などの「業績」だけで行われ、助教授や教授へ昇任する際にも「どんな授業をしてきたか」はほとんど考慮されない仕組みになっている。授業は皆で分担する最低限の義務として扱われてきたのだ。もちろん、研究の質と教育の質は関連している。一般に、研究業績のある人ほど授業も充実している。独創的な仕事に情熱を燃やしている人は、たとえ授業のやり方が下手であっても、受講生に何かしら貴重な印象を与えるものである。反対に、どんなに面白い授業でもきちんとした研究に裏づけられていない授業ならば、何も大学で開講する必要はないだろう。その意味では、「研究」重視がまったく不合理だというわけではない。しかし、教育には研究とは異なる独自の世界があり、価値があることも事実である。

教員になりたての頃は、研究意欲が高いばかりでなく、教育にも情熱をもっているのが普通である。最初の一、二年間の講義ノートを見て、よくここまで丁寧に準備したなと自分を褒めたくなる教員も多いと思う。とにかく「大学で教える」ということが新鮮なので、ゼミにしろ講義にしろ、いろいろ調べ、工夫し、学生の反応も鋭敏にとらえて、授業を充実させようとする。かなりの時間とエネルギーをさくのだが、面白いから気にならない。しかも、この時期には学生に基礎的知識を教えることが研究の土台固めになる場合も多い。ところが、四、五年もたつと、「大学で教える」ことが次第に新鮮味を失ってくる。わかりきったことを、毎年毎年新しい学生に一から教えるのもしんどくなってくる。研究の基礎づくりはもういいから、もっと自分らしい研究、面白い研究に時間を割きたくなってくる。しかも、いくら一生懸命に教えても何の社会的評価もないのだ。学生や教職員の間で「あの先生の授業はいいらしいよ」といった噂が広まるくらいだろう。それはとても嬉しいことではあるが、広い世間からみればキャンパスの内輪話にすぎない。

こうして「手抜き」が始まるのだが、僕の場合もそうした傾向があったように思う。もちろん、投げやりに授業したとか、前年度の講義ノートを棒読みしたとか、そんなことではない。授業（とくに講義科目）をそれ自体に価値のあるものと考えず、研究の補助手段的なものとみなすことで、自分なりの充実感を得ようとしたのである。自分がいまやっている調査、書き始めた論文、そういう最新のトピックをもってきて、授業の場で学生に伝えていくのだ。まだこなれていない、未消化のトピックなので、時にはブレーン・ストーミングのようになる。授業が研究のための実験場のようになる。これは、一種の出たとこ勝負で、うまくいけば学生ものってくる。臨場感があり、非日常的な感動を与えることもできる。しかし、前もって決められた手順や結論がないので、話が混乱してきたり、何を言いたいのかわからなくなってくる時もある。そうなると、授業を受ける方も何が何だかわからなくなってしまう。授業がとてもうまく行く時と、まったく駄目な時と、ムラがあったように思う。

授業がうまく行かないと、気分が滅入るものである。それでも当時の僕は、いい時もあるのだからいいやと思っていた。授業内容はいずれ本や論文に書くのだから、それを読んでもらえばいいやと思ったこともある。ふり返ってみると、授業というものを「仕事」として明確に自覚していなかったのだ。ここ数年は気をつけるようになったが、ブレイン・ストーミングや思考実験は研究室や居酒屋でやるべきことだった。少なくともプロの教師として、教室でやるべきことではない。とくに大教室の講義の場合、受講者に対して不親切なのだ。つまり、学生に対するサーヴィスが足りないのである。結果として、授業のマスタリーが不完全なものになってしまう。考えてみれば当たり前だが、大学の教育者としてのマスタリーには研究者としてのマスタリーに加えて学生に対するサーヴィスが不可欠なのである。

授業に関して、僕が最近になって心掛けるようになったのは、次のようなことだ。まず、自分ではわかりきったこと、テキストを読めばすぐわかるような事柄でも、きちんと丁寧に教えること。教える方は年々知識が蓄積し、新しいテーマの方に関心が移って行くが、受講者は毎年入れ替わるのだ。相手にとってみれば、一から始めてもらわないとよくわからない。次に、自分にとってよほど面白く新鮮なトピックであっても、よく消化されていないものは避けること。学生を自分の研究のためのギャラリーにしてはいけない。また、一回の講義は原則として一つのテーマにしぼること。二つも三つもテーマがあると、受講者の集中力が切れてしまう。あれこれ話したくても、禁欲すること。さらに、授業のための労力を惜しんではいけない。講義の下準備、事前のイメージ・トレーニング、レポートへのコメント、試験と評価など、すべての面でプロの「仕事」をしなくてはならない。

現実にはなかなか難しい。それでもこういう心構えをとることによって僕の授業は一時より改善されたと思う。学生の反応でわかるのだ。「先生の授業をとって良かった」といってもらえるほど嬉しいことはない。その時、研究とはまた別の一つの「仕事」がなされたのだ。「サーヴィス」の自覚は教師を成長させる。学生の「召使い」になるくらいの覚悟がなければ、本当によい授業はできない。もちろん、媚びるのではなく、授業の主催者＝「主人」として「召使い」になるのだ。その意味でも、マスタリー・フォア・サーヴィスはとても有効なモットーだと改めて思う。

4　大学へのサーヴィス

大学は企業や官庁とは性格が異なるが、それでもなおリーダーシップを必要とする組織である。大学教員は研究者、教育者であるが、同時にいくぶんかは企業人のような組織人でもあるのだ。たとえば僕だったら、社会学部のカリキュラムはどうあるべきなのか、どんな教員を採用していくべきなのか、学部の意思決定はどうあるべきなのか、さらには、関学全体の教育・研究の進むべき方向はどこにあるのか、教員の評価や報酬システムはどうあるべきなのか、大学全体の意思決定はどうあるべきなのか、といった組織としての意思決定に関わっていかなければならない立場にある。そして、そのためには学部や大学の役職につき事務職員と協力して仕事をしていかなければならない。

しかし、大学教員の多くは組織人としての自覚が希薄である。同じ関西学院大学に勤めているといっても、学部が違えば知り合う必要がない。同じ学部でも、専門が離れていれば、あまり話すことがない。それよりも学会や専門が同じで、一緒に共同研究をしている他大学の教員の方がはるかに頻繁に顔を会わせている。活動範囲や人的ネットワークからしても、組織に属しているという意識が企業や官庁よりもはるかに希薄なのである。その代わり、大学の日常的業務は事務職員が担ってくれている。研究と教育で手一杯なのだから、それ以外の仕事は避けたいという雰囲気も強い。とくに研究者意識の強い教員にとっては、大学の仕事は時間と労力の浪費である。学会の懇親会できまって耳にする言葉に「雑用」があるが、これは「学内行政」のことなのだ。

今でもよく憶えているが、僕は関学に着任してしばらくした頃、東京の学会である尊敬する研究者と話をする機会があった。社会学の話をしたかったのだが、途中から話題が変わり、彼の大学の話になった。学部カリキュラム改革を担当しているのだという。憑かれたように喋りまくるのだが、僕の方は一向に興味がもてない。大変な労力をかけているらしいのは様子からわかる。目の下に隈ができていて、三〇代末だというのに、何だかひどく疲れているのだ。僕は彼のような優れた研究者が「そんなこと」にエネルギーを使っているのはもったいないと思った。それに「教務主任」だか「副主任」だか知らないが、そういう役職名も彼のような知識人にふさわしくない気がして、何だか不思議な印象をもったのである。

そんな僕がその二年後、社会学部の学生副主任を引き受けることになった。学部の執行部でも、大学の会議でも、新米にしては好き勝手に発言していた記憶があるが、とても「仕事」をしたという記憶はない。「言われたから引き受けます」という気分で、最低限の義務だけこなしていたのである。ところが、九〇年代のなかばから、少しずつ意識が変わってきた。学部長室委員として四年間、執行部の意思決定に参加しているうちに、学部の研究・教育体制を運営し、改革していくことはとても大事なことだと思うようになった。自分自身の研究・教育だけでなく、学部全体の問題、さらには大学全体の問題に関わっていくことは、やり甲斐のある「仕事」だなと感じるようになった。何よりも、何千、何万の学生たちの未来に影響をおよぼすのである。僕がそんな風に感じだしたのは、研究でも教育でも自分だけのためにやっていても面白くないな、もっと広い世の中のために自分の力を使ってみたいな、と思い始めた時期と一致していた。これもまた「マスタリーの季節」の熟成、「サーヴィスの季節」の始まりだったのである。

その後の僕は教務主任や大学院教務学生委員の仕事を引き受けた。ともに責任の重い仕事である。その代わり、カリキュラム改革をはじめに、学部や大学院の運営や改革に取り組み、さらには大学全体の問題にもそれなりの提言ができるようになった。これは嬉しいことである。たしかに時間もとられるし、人間関係にも気を使う。事によってはかなりのストレスがかかる。企業の役職のように働きに見合う社会的評価や報酬がないだけに、ともするとアマチュア気分に後退しがちになる。しかし、自分の働きが少しでも学部や大学の改善に貢献し、それを通じて何千、何万という学生たちの将来に貢献できるのだとしたら、それは素晴らしいことである。加えて、事務職員との共同作業になるので、いろいろな意味で視野も拡がり、お互いが社会性を鍛える場にもなる。

役職というのは義務であるけれども、特権でもあるのだ。その意味では、立派な研究者に学内行政はふさわしくないなどと思っていた一五年前の自分の視野の狭さが痛感されてきた。まして大学組織の役職を「雑用」呼ばわりするなど、とんでもないことである。たとえ自嘲気味の業界用語として便利であるとしても、趣味のわるい表現だと思う。これもまた、僕の場合、サーヴィスの自覚がもたらした収穫なのだ。

5　サーヴィスとは何か

教員としての職務の他にもサーヴィスの重要性に気づかされた仕事はある。なかでも関西学院大学出版会の仕事は決定的だった。出版会は若手教員有志によって一九九七年に設立されたが、その時から三年間、僕は編集長として出版活動を軌道にのせる仕事に携わった。ゼロから出発して組織や活動を創り出し、その成果として書店に並んだ本を手に取ることができるというのは、実に面白いものである。しかし、その反面、編集会議の開催、執筆者との連絡や交渉、持ち込み原稿の査読など、予想をはるかにこえて時間と労力がかかる。一方では、研究、教育、行政という本筋の仕事があるわけだから、さらにその上に仕事を抱えるとなると、時には「自分を犠牲にする」覚悟がないとてもやっていけないことに気づかされた。

一時はかなり消耗していたので、何を好んで本業以外の、しかも何の報酬もない仕事に精を出すのだろうと不審に思った人もいたに違いない。しかし、関学という看板を掲げている以上、知的発信基地としての実力を十分に引き出すような出版活動を実現していかなければならない。また、大学出版会を名乗る以上は、他大学の研究者も含めてアカデミックな知識の利点を生かした良書を刊行していかなければならない。途中で投げ出したい気分になったこともあったが、自分一人の殻に閉じこもるのではなく、関学とか、日本の大学とか、自分をこえた大きなもののために「一肌脱いでみよう」と思うことで、それなりに責任を全うすることができた。関学出版会はまだ離陸中で、安定高度に達するには相当の努力が必要である。現在も常任理事として関わっているが、大きな目でみれば、これも結局は自分を犠牲にしているわけではないと思う。教員有志が「手弁当」で知恵と時間と労力を提供しているのだが、これも究極的には各人の自己実現に貢献することになると思うのだ。

さて、以上述べてきたように、僕は「仕事」を通じてサーヴィスの重要性を発見したのだった。これは特別のケースではなく、サーヴィスを自覚するための、誰にとっても入りやすい道だと僕は確信している。しかし、ここまできて疑問をもつ人もいるかもしれない。僕は震災ボランティアとして活躍したわけではない。高齢者や障害者のための福祉活動に精を出したわけでもない。海外の戦争孤児の学校作りに汗を流したわけでもない。それなのにサーヴィス＝奉仕に目覚めたなどと言えるのか、という疑問である。その背景には、マスタリー・フォア・サーヴィスにいう「サーヴィス」とは、おもにボランティアや福祉活動などの「奉仕」を指しているというイメージがある。

僕の考えでは、「サーヴィス」はボランティアや福祉など特定の活動内容に限定されたものではない。どんな活動であれ、世の中に奉仕すること、人類社会に貢献すること、世のため人のために献身することが「サーヴィス」なのだ。クリスチャンであれば神に仕え、祈ることがサーヴィスである。企業人であれば消費者に仕えること、政治家や公務員であれば国民や地域住民に仕えること、医者や看護婦であれば患者に仕えること、教師であれば生徒に仕えること。これはみな「サーヴィス」である。そして、それを有効に行うためには、それなりの訓練と修行が不可欠なのだ。それがマスタリー・フォア・サーヴィスの精神である。当たり前のことだが、関学のスクール・モットーは決していわゆるボランティアや福祉関係の仕事だけを勧めているのではない。むしろ、企業人や公務員や政治家や学者や教師など、一般社会のリーダーになっていく学生たちに対してサーヴィスという大目標を要求しているのである。

サーヴィス＝奉仕を特定の「善意の」活動に限定してしまうと、大多数の一般学生を疎外してしまう。スクール・モットーなどは特定の「道徳的優等生」だけのものであり、自分たちとは関係がないと思ってしまうからだ。そうではなく、どんな職業に就こうと、どんな活動をしていようと、そこに献身があり、社会への貢献があるならば「サーヴィス」になりうるということ、また、そうでなければならないこと、それが大事なのである。震災以降、マスタリー・フォア・サーヴィス＝ボランティアというイメージが強くなったが、この問題はきちんと考えておく必要がある。ボランティアを奨めるのはいい。しかし、マスタリー・フォア・サーヴィスの精神はたんなるボランティア精神よりもはるかに広く、かつ、深いのである。

当たり前のことだが、人はさまざまである。向き不向きがある。得手不得手がある。しかし、何かに打ち込んでその分野のマスター（主人）となり、その貴重な能力をもって社会のサーヴァント（召使い）となること、これはすべての人に勧めることができるだろう。どんな分野でもいいから一流の腕を磨き、それによって社会に貢献すること。主人になるのだが、自分一個の利益ではなく、社会に仕えるためになるのだということ。そう考えれば、マスタリー・フォア・サーヴィスはけっして一部の「善意の人たち」「道徳的な人たち」「奉仕の好きな人たち」「キリスト教の人たち」だけのものではなく、関学に集うすべての学生のもの、さらには、この世の中のすべての人々のためのものだということが理解できるのではないかと思う。

僕が一時批判的だったこのスクール・モットーを再評価し始めたのは、「仕事」の経験を通じて、「自分のためだけの人生では面白くない」「仕事を通じて社会に貢献したい」という思いをもったからである。その意味では、はじめにマスタリーがあり、やがて「自分のため」のマスタリーに限界を感じて、「他人のための」サーヴィスの大切さに気づいた。僕はこれを「マスタリー経由のマスタリー・フォア・サーヴィス」と名づけてみた。これは大多数の「道徳的劣等生」にとって入りやすい道だと思う。

6 キリスト教的な背景

サーヴィス＝奉仕の思想の背景にはキリスト教の隣人愛があるとされている。また、マスタリー・フォア・サーヴィスの精神そのものも聖書にあるキリストの言葉「あなたがたの間で偉くなりたいと思う者は、仕える人となり、あなたがたの間でかしらになりたいと思う者は、僕とならねばならない」（マタイ二〇26－27）に由来するとも言われている。この言葉は「サーヴィス・フォア・マスタリー」の勧めのようにもとれるが、いずれにしろ、関学のスクール・モットーがキリスト教を背景としていることは知っておかなければならない。だから、このモットーもキリスト教的な思想背景との関連を考えていく必要がある。

ただ、そうすると問題が生じたのである。すでに詳しく書いたように、僕がマスタリー・フォア・サーヴィスというモットーを自分自身の課題として考え始めた時に、大きな刺激になったのはニーチェの哲学である。ところが、ニーチェはキリスト教を激しく批判した人である。キリスト教道徳を奴隷道徳とみなして批判したり、「神は死んだ」として伝統的な信仰を否定した人である。そうすると、関学のスクール・モットーに対してニーチェから接近するというのは無理があるのではないか。ニーチェを読んだことのある人であればそう感じても不思議ではない。僕自身も一時悩んだのだが、いろいろ考えているうちに結論が出た。僕のようなアプローチが風変わりであるのは間違いない。たしかに、マスタリー・フォア・サーヴィスの背景を知るためには、まず伝統的なキリスト教思想を知っておく必要がある。信仰者の立場からの解釈に耳を傾けることも大切だろう。しかし、この基本線を確認しておけば、僕のような接近方法もけっして不自然ではない。なぜなら、大きな目で見れば、ニーチェ思想はキリスト教文化の一翼を担っているといえるからだ。ニーチェはキリスト教を徹底的に批判した。だが、それは彼自身が徹底的なキリスト教徒だったからである。それはキリスト教に対するキリスト教的な批判だったのだ。たとえば、「神は死んだ」という発言は神への信仰を前提にしている。キリスト教によって育てられた「良心」や「知的誠実」がキリスト教そのものに適用されると、「神を信じる」ということが偽善や虚偽になってしまうというのだ。よく知られた「超人」にしても、キリスト教が取り出した普遍的な「人間」という概念を前提にしている。世界史的に見れば、ニーチェはキリスト教の自己克服であり、キリスト教的文化運動の後継者なのである。クリスチャンを自称していても、信仰をただ生活上の便宜として利用したり、ファッションとして身につけたりしている人と比べたら、百倍もキリスト教的である。ましてこの日本では、ニーチェを読むということはほとんどキリスト教にふれることに等しい。ニーチェに刺激されてマスタリー・フォア・サーヴィスを考えることも、広い意味でのキリスト教的思想背景を考慮していたのである。

たとえば、僕がニーチェの「主人道徳」に共感して「奉仕主義」の一面的な強調に反発を感じたことはすでに述べた。しかし、ニーチェにしろ、僕自身にしろ、奉仕やサーヴィスそれ自体を低く見ていたわけではない。事実はその正反対で、「主人道徳」にとって一番大切なのは「贈り与える徳」である。自分の富、力、好意を独り占めせず、惜しみなく他人に贈り与えること。これが「主人」の条件である。ニーチェはそうした「気前のよさ」としての奉仕を高く評価したからこそ、逆に、弱虫同士の傷のなめ合いのような「奉仕主義」を軽蔑したのだ。「私は自分を犠牲にしています」「他人に奉仕しています」と言いながら、それによって他人に対して優位に立とうとするイデオロギーを嫌ったのである。

僕もまたサーヴィスというものを「奉仕主義」的にではなく理解してきた。たとえどんなに富や名声を得たとしても、自分だけのための人生など空しい。貧しい。面白くない。どれほど自分のためにマスタリーを実現しても、必ず壁にぶちあたる。その時何のためのマスタリーという究極の問いが見えてくる。その答えがサーヴィスである。そして、こうした考え方は、人類史的な意味でのキリスト教文化の流れを背景にしている。マスタリー・フォア・サーヴィスはそうした流れのなかにある、優れたモットーなのだと思う。

四　講義「マスタリー・フォア・サーヴィス」

1　マスタリー・フォア・サーヴィスで講義する

一九九九年四月、僕は社会学部の講義のなかで初めてマスタリー・フォア・サーヴィスを取り上げてみた。三、四回生を対象にした「知識社会学」の授業である。すでに述べたように、この授業で僕は学生たちと対話しながら「エスニシティ」「ジェンダー」「他者」「市民」「権力」「恋愛」「大人」のような社会学と社会生活の基本用語を検討していた。いずれもわかったようでいて、よくわからない言葉である。そうした言葉の仲間に関学のスクール・モットーも入れてみようと思い立ったのである。

僕はこの時にいたって初めて、ベーツ先生がこのモットーについて講演し、当時の高等学部商科学生の機関誌（『商光』創刊号、一九一五年二月）に掲載された英文の文章を丁寧に読んだ。そして、自分なりに考えてきたことが、風変わりであるにしろ、本質ははずしていなかったなと感じた。ベーツ先生の英文は簡潔にして明快である。力強く、言い訳めいたところが一切ない。下手な解説は差し控えて、まずは原文をしっかり読んでもらった方がよいと思った。当日の授業では原文のコピーを全員に配布し、一文一文音読しながら、単語や表現を中心に解説していった。そして、この原文を踏まえて Mastery for Service と「奉仕のための練達」について、そのニュアンスやイメージまで含めて微妙な意味の違いを考えるよう促した。全体で三〇分くらいの話で、ほとんど英語の時間のようになってしまったが、当時の僕の考え方もいくらか伝えることができたと思う。何よりも大教室でベーツ先生の原文を読み上げ、受講生に向かって語ろうとしている自分にある感慨をおぼえた。

二〇〇〇年度はイギリス留学のため授業を担当しなかったが、今年（二〇〇一年）の六月、もう一度このテーマを取り上げる機会がやってきた。同じ「知識社会学」の授業だが、今度は二回生も受講できるようになっている。前よりも丁寧にやらなければいけない。それに、そろそろ自分の考え方を整理して、学生たちに考えてもらう時期である。そこで、『商光』の原文に加え、『関西学院七十年史』に掲載された訳文や引退後のベーツ先生による講演記録（神戸新聞、関西学院創立七〇周年記念特集、一九五九年一一月三日）を読み、同時に、『大学案内』に掲載されている学長談話や関連記事、『空の翼』などの広報誌での解説を調べた。さらに、『建学の精神考』（キリスト教主義教育研究室、一九九三年～九八年）に収められているエッセイや論文にも目を通した。これは歴代の院長・学長をはじめ関学の教職員がスクール・モットーをどう理解してきたかを知るための貴重な資料である。また、Mastery for Service というモットーの由

来をめぐる新しい資料調査も一読する機会に恵まれた。［注11］

まだ何か決定的な誤解や無知があるのではという一抹の不安を抱えていたのだが、さまざまな文献に目を通した結果、そうした不安はなくなった。僕の問題意識や考え方はほとんど揺らがなかった。もちろん、これまでの流れからすれば、僕の解釈はマスタリーを強調し、サーヴィスの意味を広くとる傾向が強い。けれども、そうした解釈をとってきた教職員もけっして少なくないことがわかったのである。［注12］

2　ベーツ先生の講演から

その授業をどんな風にすすめたのか、紹介しよう。ただし、マスタリー・フォア・サーヴィスの解釈はすでに述べてきたことでほぼ尽くされているので、くり返しを避け、ごく簡潔に記すことにしたい。また、授業では、この本に書き記してきた僕自身の「マスタリーの季節」や「サービスの季節」については一切語っていない。ニーチェ思想との関連にも特にふれることはしなかった。あくまでも「言葉の臨床社会学」の対象としてスクール・モットーを取り上げたのである。僕個人のマスタリー・フォア・サーヴィスについては、この本が授業用テキストとして使われる時、おのずから話さなければならなくなるだろう。この六月の時点ではその必要もなく、準備もなかったのだ。

さて、当日まず僕は資料を配った。すでに言及したベーツ先生の講演の原文、その訳文に加えて、『大学案内二〇〇一　教育・研究編』から「巻頭言にかえて」「建学の精神とスクール・モットー」、『空の翼』（二〇〇一年度）から「マスタリー・フォア・サーヴィス」の頁と「21世紀に羽ばたく君に」と題された学長の言葉を縮小コピーして全員に配布した。その上でまず、原文を読み上げ、単語や表現に気をつけながら、なかば英文解釈風にして全体の意味を一通り解説した。これが出発点である。まだきちんと読んだことのない人は、是非いまここで読んで頂きたい。

第四代院長　C.J.L.ベーツ

上ヶ原校地起工式／1928(S3).2.29.

This then is our college ideal, to become strong, effective men, not weak incompetents; men who will be recognized as masters. But having become masters we desire not to inflate, and enrich ourselves for our own sake, but to render some useful service to humanity in order that the world may be better for our having lived in it.

Our ideal business man is neither a gambler nor a miser; but a man who succeeds because he is a master, a man who understands the fundamental principles of business, who knows what to do, and who by industry and honesty is able to succeed where other men might fail–a man whose object in life is not merely to increase his credit balance in the bank, but to use his financial power to improve the condition of society;–a man who has public spirit, and a keen sense of social duty. Such a man will be revered by his employees, and respected by his customers.

Our ideal of the scholar is not a kind of intellectual sponge that always takes in,but never gives out until it is squeezed; but it is a man who loves to acquire knowledge not for its own sake, much less for the sake of his own fame, but whose desire for knowledge is a desire to equip himself to render better service to humanity.

It is said that on the monument of a certain man there were cut the words "Born a man and died a carpenter." We desire no such fate. For such an end is failure. Nor would it be any greater success if it were written "Born a man and died a merchant"–or "a millionaire"–or "a politician." To be a man, a master man and at the same time a true servant of humanity is our ideal.

C.J.L. Bates.

C.J.L. BATES

"Mastery for Service"

Human nature has two sides,one individual and private,the other public and social. There is a life which each man must live alone, into which no one else can enter. That is his personal individual life. But a man's life is more than that.It has another side, which it shares with other men. And it is our duty and privilege to keep before our minds these two sides of our nature. There is an ideal of life corresponding to each side. One is self-culture, the other, self-sacrifice. These ideals are not contradictory, however , but complementary. Neither is complete by itself, nor independent of the other. Self-culture pursued for its own sake produces selfishness. Self-sacrifice as the only rule of life leads to weakness. But self-culture as a basis for self-sacrifice is not only justifiable, but necessary. And self-sacrifice on such a basis is truly effective.

Now these two phases of our nature are implied in our college motto " Mastery for Service." We do not desire to be weaklings. We aim to be strong, to be masters–masters of knowledge, masters of opportunity, masters of ourselves, our desires, our ambitions, our appetites, our possessions. We will not be slaves whether to others, to circumstances, or to our own passions. But the purpose of our mastery must be not our own individual enrichment,but social service. We aim to become servants of humanity in a large sense. In England the officials are called civil servants, and the highest officials Ministers of State. That implies a true conception of the nature of the work of an offical. His duty is not to command, but to serve. In fact, a man is great only to the extent to which he renders service to society.

僕が強調したのは次のようなことだった。第一パラグラフでは、人生の理想にはself-culture（自修）とself-sacrifice（献身）の二面性があるが、この二つは対立するように見えて実は相補うものであること。自修だけでは利己的になり、献身だけでは弱くなってしまう。そこで自修という基礎の上に献身を築くのがよい。"And self-sacrifice on such a basis is truly effective."という文章、とくにeffectiveという言葉を強調した。出だしの部分だが、これでもうマスタリー・フォア・サーヴィスの精神はほとんど説明されているのである。

第二パラグラフでは、masteryが「主人であること」、serviceが「召使いであること」という原義を踏まえながら読むように指示した。「主人」と「召使い」というイメージを忘れずに読んでいけば、この文章のもつ強い語調がおのずから納得できるからである。「われわれは弱虫になりたくない。強くあること、主人であることを目ざす。知識の主人、機会の主人、自分自身の主人、欲望の主人、野心の主人・・・であることを目ざす。われわれはけっして奴隷にはならない。他人に対しても、境遇に対しても、自分自身の激情に対しても。しかし、われわれが主人であることの目的は自分一個を富ませることであってはならない。そうではなく、社会に奉仕すること。われわれは広い意味において人類の召使いであることを目ざすのだ。」weaklings, strong, masters, slaves, servantsといった言葉から「主人」と「召使い」（あるいは「奴隷」）の緊張が伝わってくる。この緊張感をよく味わうようにと指示した。また、マスタリー＝主人であること、強くあることを強調していて、口当たりのいい「奉仕の精神」とは違うことを指摘した。

第三パラグラフは決定的である。「これが、そう、われわれのカレッジの理想である。強い、有効性のある（effective）人間になること。弱い無能者ではない。主人として認められるような人間である。しかし、主人になったからといって、威張りだしひたすら自分だけを富ませるようなことはしたくない。そうではなく、人類に対して何らかの有益な奉仕をし、われわれが生きたことによって世界が少しでも良くなるようにしたいのである。」こんな感じだろう。ここでもまた、**strong, effective man** と **weak incompetents** がこれ以上ない明快さで対比されている。その上で、有効な奉仕、有益な奉仕の理想が述べられている。マスタリー・フォア・サーヴィスをただの「善意のボランティア精神」と混同してはいけない。力強い自己修練と自己確立があって初めて、本当に有効な奉仕と社会貢献ができると言っているのだ。マスタリーに励んで、本当にサーヴィスできる人間になりなさいと勧めているのである。

第四パラグラフは理想のビジネスマン像を説いている。勤勉で、有能で、成功する経営者、企業人であるが、お金儲けに走ることなく、公共心をもち社会貢献を心がけている人。企業家・経営者として成功し活躍することを望むからこそ、マスタリー・フォア・サーヴィスの精神を説くのである。第五パラグラフは学者・研究者の理想を説く。知識を愛し求める人だが、知識のための知識を貯め込むのではなく、ましてや自分一個の名声ではなく、人類への奉仕を希求するような研究者でありたい。ここでの intellectual sponge（知的海綿）は面白い表現だが、研究者にとっては耳の痛い話である。

さらに具体的な職業の例として特に企業家と学者があげられていることに注目したい。すぐれた企業家としてのサーヴィス、研究者としてのサーヴィスということを考えているわけであり、いわゆる「福祉」的活動だけをサーヴィスとみなしているわけではない。どんな職業に就こうとサーヴィスであるうるし、また、そうでなければならないのだ、と指摘しておいた。

その上で、他の資料にざっと目を通してもらった。学生や受験生に向けられたメッセージなので、スクール・モットーの歴史的背景や現在の一般的解釈を知るに適しているからである。いろいろな面で参考になり、基礎知識をつけてもらうには役立つのだが、すでに指摘したように不十分な点も目立つ。やはりベーツ先生のもとの講演をしっかり読んで、あらためて関学のスクール・モットーの卓越性を体得してほしいと指摘した。

さらに、「奉仕のための練達」というもっとも普及している「訳語」の問題点を述べた。すでに詳述した問題にくわえて、語順の問題も強調した。日本の「英文解釈」では英語の語順をひっくり返して日本語にしようとする傾向が強い。Mastery for Service もマスタリーが最初でサーヴィスが後なのに、「奉仕のための練達」とひっくり返してしまう。そうすると「練達」が霞んでしまうのだ。Mastery for Serviceは、Be a Master, in order to be a Servant. ということ、あるいは、Be a Master so that you can be a Servant. と言い換えることができる。だから、かりに「奉仕のための練達」を使うにしても、「練達せよ、奉仕のために」とすべきなのだ。英語の語順の通りに訳した方が、マスタリーがサーヴィスと同等の意義をもつことが明確になるのではないか、と指摘した。

3 マスタリーとサーヴィスの関係

それから進んで、僕はマスタリーとサーヴィス、その関係について自分の見解を述べた。マスタリーは「主人であること」だが、そこから「自分を磨く」「自己確立する」という意味が派生してくる。ベーツ先生の言葉でいえば「自修」である。他方、サーヴィスは「召使いであること」だが、そこから「他人に仕える」「社会に奉仕する」「人々の力になる」という意味が派生してくる。ベーツ先生の言葉では「献身」である。その意味でマスタリー・フォア・サーヴィスは「自修せよ、献身するために」「自己確立せよ、人々の力となるために」という風に言い換えることができる。僕は、こうした多様な表現を各自が自分なりに工夫していくことを勧めると同時に、つねにその背後にある「主人であれ、召使いであるために」という原義を忘れないようにと強調した。「主人」という言葉から「お宅のご主人」を連想してしまう人には、「お店のマスター」や「ホテルの支配人」を思い浮かべればよいと指示しておいた。

さらに、マスタリーとサーヴィスの関係について、まず「マスタリーなくしてサーヴィスなし」という表現を使ってみた。自分を磨いていない人が他人に仕えられるわけがない。自己確立もできていないのに、他人を助け、人々の力になれるはずがない。人を助けるということは簡単ではない。よほど本腰を入れてやらないと単なる自己満足に終わったり、場合によっては有り難迷惑になることもある。だからこそ、本当に有効な（effective）人助けをしたければ、精神的、技能的、社会的な修練を積んでおかなければならない。そのためにこそマスターになる必要があるのだ。この文脈で、安易に「奉仕の精神」を礼賛する風潮はマスタリー・フォア・サーヴィスの精神にそぐわないことを改めて強調した。

返す刀で、今度は「サーヴィスなくしてマスタリーなし」という表現を投げかけてみた。すでに何度も書いてきたように、いくら自分を磨き自己確立に努めても、自分一個（あるいは家族でも）のためだけにやっていたのでは必ず限界がくる。人生が面白くなくなる。その時、自己修練、自己確立の目的が「他の人々のため」「社会のため」「世の中のため」ということに気づくと、この限界を突破することが可能になる。自分だけのマスタリーというのは「けちくさい」のだ。サーヴィスという「気前のよさ」に開眼することで、この矮小な自己確立を乗り越えることが出来る。その意味で「サーヴィスなくしてマスタリーなし」とも言えるのだ。

最後に、次のような分析的図式を黒板に書いた。学生の思考を刺激するための便宜的な図式である。マスタリーもサーヴィスも身についている人（aタイプ）は理想的である。逆に、両方欠けている人（dタイプ）は駄目である。ここまでは誰の目にも明らかである。では、マスタリーはあるがサーヴィスのない人（bタイプ）とサーヴィスはあるがマスタリーのない人（cタイプ）なら、どちらがより「まし」だろうか？　そう学生に問いかけたのである。そして、

	マスタリー	サーヴィス
a	＋	＋
b	＋	−
c	−	＋
d	−	−

少し間をおいて、この問題は難しい、さまざまな答え方がありうるとした上で、僕としてはbタイプの方がましだと思うと述べた。これは僕が「マスタリー経由のマスタリー・フォア・サーヴィス」を好むことと関係している。きわめて大雑把にいえば、若い学生の場合、「いい人になろうとするが、できる人になろうとしない人」よりも「できる人になろうとするが、いい人になろうとしない人」の方に、aタイプへ進む可能性をより多く直感するからだ。

唐突だが、僕は長い間、飛行機の座席に入っている緊急時の対応マニュアルのことが気になっていた。酸素マスクをどうやって装着するかという、絵入りの説明である。そこには一般乗客向けの説明に並んで、小

さな子ども連れの乗客に対する特別の説明が必ず載っている。それによると、小さな子どもと一緒の場合は、まず大人が自分で酸素マスクをつけ、その後で子どもにつけさせるのだ。子どもを先にしようと慌てているうちに、大人の方が呼吸困難に陥り、機内の混乱が増幅され、両方とも助からなくなる可能性が高いからだろう。経験的にいって、まず大人自身が子どもを助けられる態勢をつくり、その上で子どもを手助けする方が、両方とも助かる確率が高いのだ。

このマニュアルが気になったのは、「子どもは後まわし」という一見冷酷な対処法が堂々と図示されているからである。しかし、考えてみれば、冷酷に思えるからこそ、全乗客に指示しておかなければいけないのだ。生命の危険が目前に迫る緊急事態だからこそ、たんなる感情的献身ではなく、冷静で「有効な」献身が求められる。たとえ一部の乗客の感情を害しても、きちんと指示しておかなければいけないのである。僕はこのエピソードもマスタリー・フォア・サーヴィスの精神と関係していると思った。当日の授業では、この話をまじえながら、マスタリーの重要性を考えて、あえてbを選ぶと述べた。[注13]

4　学生からのコメント（1）

さて、概略以上のような話をした後、二〇分ほど時間をとって学生たちにコメントを書いてもらった。これは特別のことではなく、「知識社会学」では二回に一度くらいの割合で、授業の終わりにミニ・レポートを書いてもらう。成績評価上は一回につき一点である。以前は三点にしたこともあったが、そうすると「出席点目当て」の学生が増えて雰囲気が悪くなる。それに、教師の意見への異論や批判が書きづらくなる。一点にしておくと、自由にのびのびと書いてくれる受講生が多いということもある。

当日提出されたミニ・レポートは全部で一八六枚だった。ざっと見ていくと、反応がいい。「四回生になってマスタリー・フォア・サーヴィスが初めて納得できた」「奥深い言葉だということに初めて気づいた」など嬉しいコメントも多かった。それ以上に、多くのレポートからスクール・モットーを自分の日頃の行動に照らして真面目に考えてみようという姿勢が伝わってきた。僕は次の授業の始まりの二〇分ほどを使って、学生のレポートをいくつか紹介しながらコメントすることにしている。特に「出来の良い」ものを選ぶのではなく、一癖あって面白いもの、こちらがコメントしたくなるものを中心に紹介するようにしている。「先生の意見に大賛成です」タイプのものや、僕の考え方をよく知っているゼミ生の「くろうと」風のコメントもはずすようにしている。

以下では、まず、そうしたレポートをいくつか紹介しよう。当日僕がつけたコメントの趣旨は文末に記してある。

† 人に何かを奉仕するとき、自分に力がなかったら何もできないし、自己満足に終わってしまうということは私も感じていた。春休み海外の孤児院で3週間ボランティアをした時にそう感じた。まず地元の人や一緒に働いた外国人メンバーとのコミュニケーションの手段である英語がままならず、みんなに迷惑をかけ、自分が情けなくなった。子供たちは演奏会で日本に来る予定があったので彼らに日本語を教えると言うことと、施設の壊れかかったところを修理するということが仕事であったが、決して満足のいくような仕事ではなかった。子供たちは私たちに対して笑顔で近づいてきてくれ、一日中そばから離れない子もいるくらいなついてくれたが、果たして、一時的な愛情だけでいいのだろうか、と思った。一緒に働いた人の中には、愛に飢えたかわいそうな子どもたちが喜んでくれてよかった、といっている人もいたが、本当に中途半端な愛情や仕事が彼らにとってよかったのか疑問であった。きっと経験やスキルを積めば、今回のような自己満足の世界ではなく、自分も相手を納得させられるようなことができる気がした。だから今回は子どもたちには悪いがserviceではなくmasteryであったと思う。次、自分が本当にserviceできるための。

コメント…「なまじかけるな薄情け」という諺がある。この学生ならきちんと理解してくれるだろう。いまの心意気で頑張れ！

†　Mastery for Serviceの解釈は同感です。私は今、就職活動中ですが、面接で他の人が"人のために、~したい"とか"世のために~したい"というのを聞くと、うそくさく、薄ら寒く聞こえます。人のために、というのは立派な大義名分ですが、それは本当は自分のためなのに、と気付かないほど立派な大義名分なので少々始末に悪い気がする。世の中で本当にserviceできている人がどれくらいいるでしょう。人のために~したい、という言葉の中にどれほどの自己満足が含まれているんだろう。人のために~していることで、自分の良心は満足できるし、人からだって称賛をうけることができる。けれどあくまで人のため、だから誰かがそのことを示して自己満足だなどといおうものなら、その人はたちまち非人間にさせられる。そんな図式が見えてしまう。中島義道さんが。「私の嫌いな10の言葉」で「人のため、といいう言葉は本当は自分のためだ。けれども言っている本人はそれに気付いていない」と書いていたけれど、その点は同感です。ボランティアでも、その動機が「自分は一体何者なのかわからない。だから人に尽くしてみようと思い、ボランティアをした。その中でたくさんのことを学んだ。」みたいな感じがよくありますがこれだって本当は自分のためだと思う。人の奉仕しているだけで自分のアイデンティティがあるように感じる、それって変だなと思います。などと、「人のための道」を否定したけど、それは実際私がエゴイストだから、「人のため」

人間を批判することで、自分の大義名分を得ているのです。でも、どうして。「自分のため」に何かをすることが、こんなに大変なんだろうと思う。「自分のために！」という動機より、「人のために」という動機の方が素晴らしいものと見なされるのはなぜだろう。ベーツさんは、偉大なひとなのだけど、エゴイストにそれなりの道を与えてくれたのだ（もちろんエゴイストが称賛れたわけではないけれど）、と目からウロコが落ちるようです。もしかして、ベーツさんは、自分のエゴイズムを正当化させるためにMastery for Serviceという語を考えたのでは？などと考えるのは、やっぱりエゴイストゆえでしょうかね。

コメント…「どうして〈自分のため〉に何かをすることがこんなに大変なんだろう」という痛切な問いかけは胸を打つ。過度の「奉仕主義」が人間の健康な発達を妨げるのだとしたら問題である。マスタリー・フォア・サーヴィスは通常の「エゴイスト」を否定するけれども、自分のエゴが他の人々や人類のエゴと一致するほどの「大きなエゴイスト」は否定しない。「他人のため」が「自分のため」と感じられるくらいになるのが課題だね。

† 私自身はおそらくbタイプであると思う。自分を確立できていない人に他者を救うことは

無理だと思うし、自分に対して奉仕（service）できない人はおそらく他人に対しても奉仕できないと考えるからだ。だが、自分の見解をひとまずは置いておき、cタイプについて考えたい。授業中、cタイプからaタイプへの移行は不可能だとおっしゃっていたが、可能性がゼロではないのではなかろうか？　いやむしろbからcへの移行と同様の確率で移行可能ではないか？　masteryなくserviceを実行する人が己のmasteryのなさに気づく確率とmasteryのみを実行する人がserviceへの境地にたどりつく確率に差はないのではないかと思うからだ。

コメント…なるほど、しっかりと説得力のある意見である。たしかに「サーヴィス経由のマスタリー・フォア・サーヴィス」もありうる。他にも同様のコメントがいくつかあった。この図式の適切さも含めて、これから考え直してみたい。

†　Mastery for Service の含んでいる意味についてはどことなく感じていたが今日配られたプリントを読み、mastery が示すところの主（人）が、今まで私の考えていたものよりももっと広くの意味を示していることを知った。自分を操ること、高い志があるかどうかよりも大きな問題だろう。ふと今感じることは、文章や言葉にして伝えることに似ているのではということだ。どんなに考えや気持ちが自分の中でうずまいていたとしても、どう表すか、どこで

表すか、自分を操り、言葉を操らなければ相手には役に立たない。

コメント…「考えのマスタリー」というのはよい発想である。だからこそ、「自分の考え」をゼミで発表したり、レポートに書いたりすることが大切なのだ。漠然と「考え」たり、ただおしゃべりするのではなく、きちんと「話す」「書く」練習をするといいよ。

† "Mastery for Service"。この言葉を私は知っていただけなのかもしれない。関学に来てもう3年目に入っているというのに、今まで理解していなかったのかと思うと、情けなくなる。私はこの意味を、「自分のためではなく、人のために働く人間になりなさい」と思っていた。つまり、自分が満足いかなくても、自分のためにならなくても、他の人々がいいなら、それはすばらしいことではないか・・・と。だからこそ、表向きは良い事を言うなと思っていても、内心では、自分ができなかったり、満足できないことをどうして他人が良ければ、それでいいのか？ と反発していた事もあった。ほかにも、私が悩んでいたり、失敗したりした時、友人に「○○（私の名前）なら、大丈夫やって」などなぐさめの言葉やアドバイスをもらっても、心からありがとうって言えない友人がいる。私はただ自分がひねくれているからかと自己嫌悪に陥ることが多々あったが、いま考えてみると、その友人に私のことを言って

くれるほど、りっぱで尊敬できる部分があるのかって思うのである。今日、先生が授業中に、mastery と service の2つが揃っていたら、一番効果的で良いが、どちらか一方が欠けている場合、どちらが良いと思う？って言われた。私は迷いもなく mastery（＋）、service（－）の方だった。先生も結局 mastery なしの service は論理的に存在しても実際にはありえない、とおっしゃったが、私もその通りだと思う。自分ができていないことを、どうして他人に助言できる？　自分が自分で満足できるほど、りっぱな人間でなくて、どうして人のことをほめたりけなしたりできる？　少し、私はひねくれているのでしょうか？　どうしても、このような友人（友人と言えるかどうか、わかりませんが）に出会うと、すごく嫌に思ってしまうのです。私は何かひとつでも自分が他の人たちに負けないというものを持ってから、人のためになることをしたいと思います。だから、それまでひねくれてても・・・それでいいです。

コメント…正直に書いていて好感をもった。今はひねくれててもいいよ。それよりも、「尊敬できない友人」のことなど忘れて、君自身のマスタリー・フォア・サーヴィスに励みなさい。

† 授業を聞いていて、Mastery for Serviceは、理想的なものだと思ったが、実際に実行するの

はどうしても難しい。社会のため、世界のために役立ちたいとは思うが、社会の現状を考えると、家族を支えるので精神的にも経済的にも精いっぱいの人間が多い。精神面はmasteryを修練することでどうにかなるかもしれないが、経済面、金銭面は、どうにかしようとしてどうにかなるものではないと思う。厳しいことを書いたが、中流階級の一市民から現実的に考えた場合、Mastery for Serviceは理想論のように思えた。しかし、確かに内容はすばらしいものなので、これをモットーに頑張る人を否定はしない。人生を成功した人にはこの理想をかなえることも可能だと思う。

コメント…いまの日本の「中流階級」はそんなに貧しいだろうか。エンゲル係数を見てみよう。苦しいのは見栄や体面といった社会的欲望が大きいからだ。それを捨てなさいとは言わないが、あたかも絶対的に「精一杯」であるかのような言い方はおかしい。マスタリー・フォア・サーヴィスは「成功者」だけのモットーではない。

† 飛行機の人命救助の話は聞いたことがあった。納得した。しかし、奉仕するために自分を修練することは良い循環が生まれると思う。奉仕することでまた自分を修練することもある。しかし、ただ単に自分を修練するということはどういうことか。勉強することか。体をきた

えることか。精神も追い込んでいくことか。また相手を助けることで自分も修練するということになれば、「共依存」の関係にもなりかねない。自分を修練することとは何であるか。そのことに満足するから修練するのか。真に満足することはそういうことか。一時的ではなく満足することはあるか。自立することが大事な気がする。しかし、自立は満足してするものなので、愛されることが必要だ。大人とこどもの部分が必要だ。愛することと、愛されること。何もしないのも大切だ。修練に飽き、奉仕に飽くとき、人は何をすれば満たされるのか。

コメント…「共依存」の問題は「サーヴィス経由のマスタリー・フォア・サーヴィス」の可能性を考える時に避けては通れない問題である。筋道立てて考えていけば、マスタリー・フォア・サーヴィスをめぐる哲学的論文になると思う。

†

村上龍が言っていたことで非常に好きな言葉がある。「他人に対してやれることというのはキラキラ輝く自分を見せてやることだけだ」というものである。(村上春樹の)小説「ノルウェイの森」では主人公が一番身近にいる人(他人)に対しての無力感が描かれていたと思うのだが、結局、自殺の問題など深い闇を抱えた他人に対して掛ける言葉など存在しないのだと思う。うつ病患者に対して「がんばれ」とか「だいじょうぶ」とか言うとよけいに落ち込んでしまうらしい。ではそういった他人を前にしていったい何ができるのであろうか。やはり生きていく上で希望なり可能性が存在するというようなことを証明できるような生き方をするしかないのだろうと思う。Mastery for Serviceの僕なりの解釈はそんな感じです。

コメント…「キラキラ輝く自分を見せてやること」。気恥ずかしいが、まったく同感だ。生きていることの素晴らしさ、生命の充実を身をもって示す人は、それだけでまわりの人々に快感を与える。これが根本だろう。

5　学生からのコメント（2）

授業では取りあげなかったが、僕の考え方に対して明確な反対意見を述べているコメント、当日の話への反応を知る上で重要と思われるコメント、その他今後の授業の資料として役立ちそうなコメントを二〇枚ほど選んでみた。読んでみてほしい。

ただその前に、一つだけ言っておきたいことがある。たくさんのコメントを読んで感じたことだが、マスタリー・フォア・サーヴィスはスマートで立派なモットーとして飾っておくのは誰でもできる。しかし、いざ自分の生き方の問題として考えようとすると、かなり厳しい面をもっている。マスタリーもそうだが、とくにサーヴィスという究極目的を体得するのが難しい。

「自分のためだけではなく他人のために」から「自分のためではなく他人のために」、さらには「自分を犠牲にしても他人のために」などと説かれると、正直いって無理だなあ、何だか偽善者ぽいなあと感じてしまう学生がとても多いのである。僕自身そうだったので、こういう正直な感覚を否定する気にはなれない。

いま僕が考えるのは、「自分のため」「他人のため」という区別は最終的には意味がないのではないかということだ。もちろん、生活の個々の場面では、自分を優先するか他人を優先するかという選択はあるだろう。しかし、大きな目でみれば、自分という一個人はたくさんの人々からなる社会の一部である。人間社会の一部であり、生命社会の一部である。それが本当に実感できれば、「自分のため」「他人のため」が便宜上の区別にすぎないことが見えてくるのではないかと思う。「自分のため」は「人のため」だし、「人のため」は「自分のため」なのだ。そのことがけっして「偽善」ではなく体得されるのではないかと思う。何も特別の「人格者」や「道徳的人間」になる必要はない。自分というものは他から孤絶した意識ではなく、他の人々とともにある生きた肉体である。それを実感できればいいのだ。

ニーチェはこんなことを言っている。「他人を喜ばせる。――人を喜ばせることはなぜすべての喜びにまさるのか?――われわれはそれによって自分自身の五十もの衝動を一度に喜ばせるからである。ひとつひとつのものは極めて小さな喜びであるかもしれない。しかし、もしわれわれがそれらすべてをひとつの手の中に入れるなら、これまでかつてなかったほどわれわれの手は一杯になる。――そして心も同様である！」。［注14］

‡　僕は人を助けるのにMasterになる必要はないと思う。たしかに各分野のMasterが一つのボランティアをするのと、アマチュアが同じボランティアをするのとでは前者の方がより高い水準で人助けができるかもしれない。だが、アマチュアの人が一生懸命人助けをすることが「ありがた迷惑」になることはあり得ないと思う。人助けをする時に一番必要なのはそんな技術・経験の差ではなく、人を思う気持ち、つまり「情」ではないか。子供が高熱を出して寝込んでいる時、風邪薬だけを渡してほったらかす医者と一晩つきっきりで面倒を見る親、たとえ結果が同じになってもそこには大きな「人助けに対する情の差」があるのではないか。Masterをつきつめたボランティアなら全てが機械で行えばよい。　だが本当に人を助けられるのは人であり、人の「他人を思う気持ち」ではないか。それが人間ではないか。関学のmottoに反するかもしれないが、Masterになることよりも「他人を思う気持ち」の方が大事だと思う。そしてそれをつきつめた人は、自然と何らかのMasterを目指し、真の意味でのMasterになっていくのではないか。

‡　奉仕のための練達―私はベーツ先生の唱える Mastery for Service に異論を唱える。先生はその思想の中に、自修を基礎にした上での奉仕こそが効果的であるとされているが、そうではないだろう。自修を礎とする者には傲慢性が宿ってしまうことであろう。あらゆる知識や精神を築いた者が為す service が Mastery for Service の理念であるならば、あるいは、自修より奉仕を優先する者の service を異端としかねないのではなかろうか。私は、service の上で mastery を修得していくものであると思う。礎に service の精神があり、その精神を基盤として自修を構築しようとする者、そのように心懸けるものが真の master と成り得るのではないだろうか。service を軸として、service を心懸ける者が mastery を身につけるということが、私の思うことである。「奉仕への練達」ではなく「練達への奉仕」が大切なのではなかろうか。

‡　今回の"Mastery for Service"について考えるという時間は、私にとってとても興味深く、楽しい時だった。私が「関学に来たい」と思ったのは実はこの"Mastery for Service"という校訓が気にいっていたからである。そのため、私にとっては絶対に忘れられない言葉だった。しかし、高校生だった私はそこまで深い意味を読みとることもできておらず、「奉仕のための練達」という文字をただそのままに受け取っていたかもしれない。「人に何かをしてあげようと思うのなら、まず、自分のことがしっかりできていないとだめ」というのは冷静に考えると、

すごく大切で正しい意見だと思う。「自分のこともできていないのに人のことまでしようと思わないの！まず、自分のことを全部やってしまいなさい。そうでなければ手伝わなくていい。」と以前、親に説教されたことがある。その時は「困っている人を手伝わなくていいなんて、何でそんな冷たいことを言うんだ」とすごく腹がたった。しかし、今ならその意味がよくわかる。冷たいと判断したのは間違っていたし、自分のことも満足にできないのに人のことを手伝ってあげて、でもそれはかっこいいことではないということに気づいた。しっかりとした考えを持った人になりたいと思う。そうした上でベーツさんがいったほんとうの意味での"Mastery for Service"ができる人に成長したい。

‡

私はずっと、"master"という言葉に良いイメージは持っていなかった。masterは直訳すると支配者である。入学以来、何度も何度も"Mastery for Service"について説明されてきた。しかし頭では納得しても、あまり好きにはなれない言葉だと思ってきた。今日初めて全文を読んで、少しイメージは変わった気がする。自修がなくては、masterになることもできない。そして自修があって初めて献身もできる。この三つはつながっている。「奉仕」というものを、私たちは本当にボランティアなどのようなことしか考えられない。そうなると「奉仕のための練達」は理解が難しい。しかし広い意味での奉仕ということを考えると、やっとわかってきた気がする。私たちは色々な形で、世に奉仕をしながら生きる。大きな形であれ小さな形であれ、気づかないうちに奉仕しながら生きているのかもしれない。masterにならなければ、つまり、他の人に従わず、一つのことに洗練され自分の意志をつらぬく力を持たなければ、自分の正しいと思うことをすることはできない。そういう意味で、Be a master と言っているのではないかと私は解釈した。

‡

僕は入学当時はどうも「Mastery for Service」という言葉が好きになれなかった。なぜなら、何か偽善的な感じがするし、何よりも、軟弱だなぁと思ったからだ。「所詮、人助けの為の勉強かい!?」と思ったのだ。ちなみに同志社のモットーは「Learn to Live, Live to Learn」で、僕はこっちのモットーのファンだった。自分を高めるという力強い意志が感じられるからだ。しかし、今日の講義を聞き、「Mastery for Service」を誤解していたことに気付いた。何よりも、柔らかい言葉に、強い意志が隠れていると思った。我々関学生のイメージに「在野」ということばは似合わないと思う。どちらかというと、「ぼっちゃん」「生え抜きではない、洗練されている」という軟弱な感じだろう。だからこそ高校時代の僕には「何だ、関学生は力もないぼっちゃんのくせに偽善者きどりで『Mastery for Service』と言っているのか?」と思ったのだ。しかし、今日の話ではまずは自分を高めることを先に、後にServiceがついて来るのだということを知った。つまり、ただ、ぼっちゃんが、人助け人助けと言うのではなく、金メッキにつつまれたその姿を自修によって、自らを純金に変えて、人助けをしようとしているという強い意志を「Mastery for Service」の中に見い出した。

‡

今日は、すごくいいことを聞けたと思いました。今までは、Mastery for Serviceは「人に仕えるために自分を磨く」という意味で、他人に貢献することが大事なんだと考えていました。しかし、先生の言われた「自分に能力がなく、自身さえも助けられないようならば、人を助けるどころか、かえって迷惑になる」ということを聞いて、本当にそのとおりだと思いました。人を助けようとする献身的な気持ちはすごく大切だけど、自分に力がないとから回りで、自己満足にすぎない時も、なるほど、あるなと思いました。そして、また先生のおっしゃったように、自分のためだけ、自分の家族のためだけに生きていても、生きがいがない？というようなことも、その通りだと思います。誰かの言葉で、「死ぬ時に残るのは、自分が集めたものではなく、人に与えたものだ」というのもそういうことだと思います。自己を確立して、世の人の力となれるのは、みんなにとって、いいことで、なんて素敵な言葉だろうと思いました。私は、これからこの言葉をモットーに、少しずつ学んでいきたいと思いました。

‡

『Mastery for Service』という言葉については入学式の時に説明があり、それ以後もたびたび耳にしてきたが、「奉仕」、「社会のため」「人のため」というところに偽善的な響きがあるように思えて好きになれなかった。（また、よく理解もできていなかった。）しかし、今日の講義で「まずはMasteryがあり、その上にServiceが生まれる（生み出す？）」「最初は自分のためだけのMasteryであっても、それが確立されると自然にServiceへ向かうことになる」ということをきき、はじめて納得できた。ひねくれ者だと思うが、私は、そこらへんにあふれている献身、ボランティアというものが好きでない。「偽善的、自分の満足のため」という思いがどうしても出てしまう。しかし、マザーテレサのような人になると話は別で、それは、彼女のような人たちこそが自修の上に立った献身を実践しているからなのだろう。講義の中で言われていたように、いわゆる献身的活動だけではなく、自分の意志で思うところの活動をして、それがServiceにつながっているような人でありたい。

‡

私は今まで"Mastery for Service"の意味をきちんと理解しておらず、ただ何となく「人のために何かすること」だろうと思っていた。しかし、今日の授業を聞いて、そんな単純なものではないと実感した。確かに自分の中に、しっかりした気持ちや意志がなければ、人に対しての優しさもどこか偽善的なものになってしまう気がする。「何となく」とか「中途半端」な気持ち、自分への見返りを望んで人に何かしてあげることは、時に人を傷つけたりすることがある。人に優しく、人のために何かしてあげることは、そんなに難しい事ではない。しかし、自分から望んで、自分の強い意志でそうしてあげることはなかなか難しい。自分自身が弱い人間であれば、他人どころか、自分をも救うことはできないであろう。まず、自分をしっかり持った強い人間になって、それから進んで他人のため、世の中のためにその力を発揮できるような人間になりたいと、今日の授業を受けて思いました。優しさを偽善だと言われないような人になりたい。

‡　もう幾度となく聞いている"Mastery for Service"考であるが、私が高等部在籍中より言っていたのが、関西学院は「Mastery の場」だということである。C・J・L・ベーツ先生の文章を説明したコメントが大学案内（教育・研究編）に掲載されているが（確か「建学の精神」云々の項だったと思う）、それが私の理解の底流にある。そのコメントには Mastery と Service は緊張関係で結ばれている事を前提に講義で触れられていた通りの話が延々と書き綴られている。私がそのコメントで考えたのは、「思いのない力は暴力であり、力のない思いは実現されない夢のようなものだ」という事である。Mastery は「力」であり、Service は「思い」（が形となったもの）であるという私なりの解釈なのだが、どうであろうか。高等部の卒

論を「関学の教育」についてでまとめた経緯もあり、様々な文献をあたったが、どうも最近の風潮は Service に光があてられ過ぎて、そこに従事している学生生徒の話はさながら「Service for Mastery」という雰囲気で、何かおかしいと感じていた。故に、非常にボランティアといった活動に懐疑的であった。「善意は必ずしも善行を生まない」、そう思ったし、今でも思っている。「思い（善意）はその実現のためにプロセスがあるもので、そのプロセスデザインが出来、そのプロセスを達成していく「能力」が必要なのである。つまり、「意欲（思い）×（能）力」こそ、本当の全人的な力であり、このバランスを考えるべきなのではないのか。

‡ Mastery for Service. 考えもなしにそのまま訳するだけなら、ボランティアなどの献身をすすめるという安易な考えに走ってしまいやすいが、for は「人」のためではなく、まず service をするためにという事を強調していて、そのために必要なものを自分なりにここで学べる事全てから吸収して習得し、自分を磨き上げようというということを意味していたのだとはずかしながら今思った。ことに service は私達日本人には献身の方にボランティアや人々の為に何かをする、もしくはもっと俗っぽい固定イメージとして定着しているため、サービスとくればまずボランティア と偏りがちになっていると思う。そしてやる気のある人は率先して

それらに参加するだろうが、私たちが普段でも経験することで、困っている時に戦力外や自分が必要としていることを理解していない人に中途半端に手を貸されても、かえってその人によって邪魔された分を補わなければならない形となり、二度手間をかけさせられ、ありがた迷惑になってしまう様に、いくらserviceの意味があったとしても能力がなければかえって仇となり、serviceは崩壊してしまう、その精神があるのなら、それを捨てずに温存し、自修することに時間を費やせばいい、一瞬で全てを崩壊させてしまうよりは、多くの時間をmas-teryにかけるべきなのだと思う。

‡　キリスト教でいう「奉仕の精神」が息づいた言葉、それがMastery for Serviceだと思う。自分自身のためではなく世のため人のために、社会に奉仕するためにmasterにならなければいけないということ、実際に言葉でいうには簡単だが実践するのはとても難しい。私は中、高ともにキリスト教の学校で育ってきて（そして今もキリスト教なのだが）そこの校訓は「世の光、地の塩」であった。それもまた、世の中を照らす光であれ、地にまかれて地を固める（あるいは人にふまれても）人になれ、という意味でやはり人、社会に仕えなさい、という意味あいのものだったのだ。実際、人は損得でうごくことが多い。こんな世の中でこの精神をかかげてなんとか頑張ってみようとするのはやはり「愛」あるキリスト教だからなのだ

ろう。私はこういう考えを否定しないが肯定もしない。奉仕＝犠牲、キリスト教の中には自分を犠牲にしてでも他人につくしなさい、という部分が多々ある。それは、そういう部分だけは何か違う気がするからだ。すべての人がいきいきと生きていける、そういう世界を望む。

‡

"Mastery for Service"この言葉は入学した時に嫌というほど聞かされたものだが、その時ははっきり言って聞き流していた。その言葉の意味を3回生になってようやくはっきりと知ることになろうとは思いもよらなかった。今回講義を聞かなかったら卒業するまで、ひょっとしたら一生理解することがなかったのではと思うと、何とも自分で恐ろしいものだと思う。「Mastery なくして Service なし。Service なくして Mastery なし」なんとも含蓄のある言葉である。他人を助けるためにはまず自分をMasterしないといけないのだという言葉がこんな短い文の中に含まれているのかと思うと、自分もこの精神に負けないようにしなければと身がひきしまる。それに、master を「征服する」とか service を「精神」と日本語で訳してしまうよりも、英語のままにしておいた方が、意味があまり限定されないし、自分なりの捉え方が広くできるような気がする。

先生が最後にすばらしいスクールモットーだとおっしゃったのが本当の意味でうなずけた。

‡　私の考える Mastery For Service とは、一人の人間の独立、そして自己の確立であるということである。誰かのために何かをするということは、実はとても難しいことだと、私は思う。何かプレゼントをあげるにしても、相手が喜ぶものは何か？と考えた時に、ただ高価なもの、世間で良いと言われているものをあげればいいというものではない。まずは、その人のために自分がしてあげられることの限界はどこか、ということを知り、決して無理をしてはいけない。無理をして買ったものを受けとる側としては、それはプレゼントをもらう…というよりも、その人の無理をした苦労をいただくことになってしまい、かえって気をつかわせてしまう。まずは、自分を確立することである。自分の力ではどこまでのことができるのか、自分は何をしてあげたいのか、自分はどのようにして相手の喜ぶ顔が見たいのか、という主体性…、つまり Mastery をしっかりと持っていないと、Service も、ただのいらぬおせっかいとなってしまう。恋をする女性の中に「尽くす女」になる人も多い。が、しかしそれは、ある意味 Mastery をもたない Service（尽くす）とも言える。一番バランスのいい状態、これが Mastery for Service ではないか、と思う。

‡　たとえば、世界平和を願ったボランティアのための歌や、その他、遠くの国でおきている紛争、貧困などのことを強く訴える人がいる。確かにそれらを考えることは大切なことであ

る。しかし、私の場合、それ以前に自分のまわりのさまざまな問題について考えることがまず先であると思った。友人が困っているとき、どれだけ私は力になろうとするのか?自分も困っているときに、友人を助けることができるだろうか?人権差別について考える前に、自分のまわりにいる人を見た目だけで判断し、差別しているのではないか?私自身そこからまず始めなければ世界のことなど言えるはずもない。そう思った。

‡

何となく聞き慣れている気がしていた"Mastery for Service"だが、masteryとServantの関係を切っても切れないように感じたのは、今日が初めてに思う。先生がおっしゃったように、「自分をも満足に助けられない人間が、他の人にそうすることは難しい」ことは、日常感じることができる思いである。しかし、やはり皆は誰かに支えられて生きている。精神的に助けられることは日々多く、それを感じた時に、人は誰かのために優しくなりたいなどと思うこともあるだろう。"Mastery for Service"は、それ程遠くかけ離れたところの話ではないと改めて感じた。"Master"たる人は、"Servant"を良く理解できる人以外はなれないはずである。又、両者は別世界の存在でもないはずである。リーダーシップを取る人は、人間の弱さも知っての上で、皆の可能性を引き出す役割の人ではないだろうか。どんな人でも、環境によって変化しうる。それを良い方向へ導くきっかけに気付かせる人こそ、"Master"のあるべき姿だと、今の私は考えている。「自分を豊かにしたい」と、私はずっと思ってきたが、その意味を改めて考え直したいと思った。少なくとも、自分をみがくためには、他者とのかかわりあってこそだろうとつくづく感じてはいる。またまた答えが簡単にはでない言葉に出会ってしまった気がするが、これもとても気になるものです。

‡

私は正直、今まで関学生として過ごしていながら、この"Mastery for Service"という意味をほとんど理解してはいませんでした。この学校はキリスト教なので、キリスト教的な奉仕信仰というか、万人愛のような、あくまでも抽象的な理想論でしかないと思っていたのです。しかし、今日ベーツさんの原文と訳を読み、先生の講義を聞くなかで、この言葉は、私が思っていたよりもずっと深くて、そして実践的な意味をもっていると分かりました。自己確立していなければ他人を助けることはできない。これは、よく考えたらあたり前のことでありながら、今まで実感したことはありませんでした。自分では助けたつもりでも、相手には実は何の役にも立っていなくて、それはただ「人を助けた」という自己満足を得るためだけだったようなことも、今考えれば多かった気がします。なぜなら私は、自己確立などとうていできてはいないからです。でも、この「自己確立」というのも明確な基準などなく、自分が決めるのか、他人が決めるのか、定かではありません。それは「いつから大人といえるのか」

という疑問にも共通することでしょう。だからといって、はっきり自己確立できるまで人にserviceできない、もしくはしない、というのも、正しいかどうか分かりません。他人に力を貸したいのに自分に力が足りなかったり、人の役に立ちたいと思ってしたことが迷惑がられたり…そういう失敗をしてこそ、学ぶことも多いと思います。そしてそこからまた、いわゆるMasterにはげむということもあるでしょう。そういう葛藤の中でこそ、この"Mastery for Service"も実現できるのではないかと思います。

‡

私は、この"Mastery for Service"というスクールモットーになじめなかった。訳の「奉仕のための練達」ということを聞くと、どうしても自己満足の世界ではないか、と思ってしまったからだ。講義の中でも先生が仰ったように、日本語の訳では、どうしても「奉仕」の方が重要に思われてしまう。二つの単語が並んでいたら、どうしても、最初の単語の方が重要だと思ってしまう。では、なぜ英語で見た時も最初はServiceを主体に見てしまったのだろうか。それは、おそらく、今までの英語教育のせいだろう、と考える。中学、高校と英語の訳は、わりと型にはめて勉強させられた。訳した時に、自然な日本語となるように、目的は、最初に持ってくるような訳し方が身にしみついてしまったからだと思う。しかし、日本語も、英語も同じ言葉で、重要な言葉は最初に持ってくるものである。この頃よく耳にするのが、「英語も、返り読みをする必要はない。前から読んで訳してゆけばよい」ということである。多少、変な日本語になるとは思うが、この方が、英語のニュアンスとかも伝わりやすいのではないか、と思う。脱線してしまってすみません。さて、この"Mastery for Service"の説明を今日、受けて、このスクールモットーが少し身近なものになりそうだと思った。私もずっと、ボランティアをするなら、まず、自分がしっかりしないと、ただの偽善になってしまうと思っていたからだ。自分のMasteryをServiceを目的とした所まで、高めてゆくのは容易ではないと思う。大学に四年間通って、そこまで必ずしも高められるとは限らない。何事も基礎が大事だが、Serviceの基礎は果たして出来るのだろうか、と不安である。

‡　今まで"Mastery for Service"も「奉仕のための練達」という言葉も知っていたが意味がよくわかっていなかった。ただ単に知っているだけで深く考えようとしたこともなかった。しかし今日、考える機会に恵まれ真の意味を知れたと思う。「世の人々の力となるため自己確立せよ」とは本当に素晴らしい修業ではないだろうか。自己ができていない人間に他人をどうにかすることなど無理である。自己確立とは一見、「自分のための作業」のように思われるが、決してそうではないことに気づかされた。これだけ意味の深い、素晴らしいスクールモットーをもつ関学で学べる喜びをもっと大切にしたいと思う。その上で、スクールモットーを実

現できる人間になれれば最高だと思う。

‡　自己を確立させてから人々を助けるというのは、意識はしていなかったけど、話を聞いてみるともっともなことだと思いました。阪神大震災で私たちが被災したときにも、多くのボランティアの方々が全国から来てくれましたが、中には、「いてもたってもいられず神戸に行ったけれど、結局何をして良いのか分からずに配給の列に並んでいました」と　いった迷惑な人がいたというのをテレビで知りました。自分自身で、自分が一体どういう人間で何をできる力を持っていて、今何をすべきなのかということが本当に分かっていないと、人のために行動などできないのではないかと思いました。余談ですが、飛行機の酸素マスクで、「親が自分のマスクをつけてから子にしてやる」という話がありましたが、私の母親なら絶対に、自分を後まわしにして子どもを助けようとする人だと思います。「自分を犠牲にして子どもを助ける」というのはなんだか美談だという気がしますが、　Mastery for Service の精神でいわせればどちらも助からないということになるのだということに少し関心をもちました。

‡　ベーツさんが言いたかった Mastery for Service の意味が今日自分の中で、かみくだけたような気がします。入学前から、大学の案内で読んだり、入学式や、授業などでも何度も聞い

ていますが、私が、誰かに聞かれたら、自分の言葉では、きっと説明できないだろうと思っていました。書いてあることや、聞いたことをそのまま、伝えるだけになってしまうと思います。けれど、今日、英語の原文の self-sacrifice on such a basis is truly effective というのを知って、今まで聞いていた日本語の説明よりも、かなり、私の中に入ってきやすかったです。

おわりに

この本を書くにあたって、僕は『関西学院百年史』（通史編）を読んだ。たんなる記録ではなく、大変な労力をかけて創立以来百年にわたる関学の歩みを記述し評価しようとする歴史書である。七百ページをこえる大著だが、興味深く読みおえることができた。そのなかでマスタリー・フォア・サーヴィスを掲げたベーツ先生が関学の発展のために果たした役割の大きさを改めて知ることになった。

いうまでもなく関西学院の創立者はランバス先生である。その意味ではベーツ先生は「中興の祖」のような存在であろう。しかし、二つのキャンパスと八つの学部をもち一万八千の学生が学ぶ総合大学、日本を代表する指折りの私学にまで発展した現在の関学は、「常に学生の眼を大所、高所に向はしめん事を志し」たベーツ先生の指導と献身なしには考えることはできない。［注15］

一九一〇年に着任したベーツ先生は、神学部と普通学部（現在の中、高等部）だけの小さな学校が、高等学部を設立し、上ヶ原の広大なキャンパスを得て（一九二九年）、当時数少ない私立大学の一つとなり（一九三二年）、飛躍的に発展する道を切り拓いた。小さな「ミッション・スクール」を社会に開かれた「スクール・ウィズ・ミッション（school with mission）」へと育て上げていった。［注16］一九四〇年、戦時下の圧迫のためにカナダに帰国するまでの三〇年間にわたって、高等学部長として、学長として、また院長としてリーダーシップを発揮した。高等学部設立の年（一九一二年）にベーツ先生が学生に与えた言葉、マスタリー・フォア・サーヴィスは、こうして現在にいたるまでスクール・モットーとしての揺るぎない地位を確立することになった。つまり、ベーツ先生自身が関西学院大学のマスターでありサーヴァントだったのである。

僕は『百年史』を読んで、ベーツ先生がスクール・モットーを熱心に提唱していた時期に、「生としての基督教」という論文を書いていることを知った。タイトルに惹かれ、図書館でコピーを入手しさっそく読んでみた。三七才の時の論文で、ベルクソンの生の哲学に理解を示した若々しい文章である。その一部をここに掲げよう。

神は生の力という様な哲学的の語に移して見る事が出来る。神は生である。無限な充実した命！　是が神でなくて何であらう。吾人が神を斯く観ずる時に初めて底力のある、ドッシリした観念が出来るのだ。神を以て単に創造者と見るだけにはいかぬ。単に天地を保つ者と見るだけでもいかぬ。又世界を支配する者といっただけでも足らない。「父」といっただけでもまだ尽くしては居ない。更に一歩を進めて『神は生々化育の力にして融通無碍、万物を造り、万有を保育し、天地の間に流行し、自己の命を迸出させて、人類を交感融会する実在者である』といって始めて其姿を髣髴させる事ができるのではあるまいか。［注17］

我等は愛を口にするが、愛とは生を分つ事でなくて何であるか。愛するとは生を愛するに非ずして何であるか。神とは生を與《あた》ふるが故に神は愛也といふのだ。・・・生の高調。是が基督教の特徴で有と思ふ。・・・耶蘇が道と真理といふ語に生という一語を加へた事は大に意味がある。之は基督の道は生ける道である基督自身である基督の人格であるという義で律法や規則ではない事を示すのである。生きるといふ事、是が耶蘇教の核心である。・・・充実した生、今あるよりももっと大きい生は基督教の主張する所である。［注18］

「無限な充実した命！　是が神でなくて何であらう。」「愛するとは生を愛するに非ずして何であるか。神とは生を與《あた》ふるが故に神は愛也といふのだ。」・・・こういう言葉に僕は溌剌とした、若々しい「生の肯定」の精神を感じる。ここには信仰者がともすると陥りがちな自罰的な傾向は一切みられない。僕は関学の大多数の教職員や学生と同様、クリスチャンではないがキリスト教の理解者である。若きベーツ先生の説くような、生き生きとした信仰にはなおさら親近感をおぼえずにはいられない。マスタリー・フォア・サーヴィスもまた自他ともに「充実した生、今あるよりももっと大きい生」を生きるための指針なのだ。

＊＊＊

関西学院大学は、特定の個人ではなく「みんなでつくってきた大学」だといわれる。たしかに、ランバスにしろベーツにしろ、福沢諭吉や新島襄のような突出した存在ではない。そうした「巨人」がいなかったことを残念がる声もあるが、それでいて今日までの発展を築いてきたことの方が驚異的である。そのため関学には特定の個人に帰すことのできない「雰囲気」があるといわれる。たしかに、これは関学のよき伝統だろう。僕も特定のリーダーやモットーを偶像化するのはこの学園の肌にあわないと思う。

しかし、だからといって、スクール・モットーの理解も「雰囲気」に任せればよいということにはならない。関学はもう小さな私塾のような古き良きコミュニティではない。二つの広大なキャンパスとさまざまな背景をもつ二万人近い学生が集う一つの「社会」である。その構成員である教員、職員、学生は、それぞれが自分なりのマスタリー・フォア・サーヴィスを自覚し、明確な言葉をもって次の時代に伝えていく義務がある。

ほんの風の吹き回しで関学にやってきた僕も、一五年の教員生活をへて、関学の一部になっていた。また、関学が自分の一部になっていた。『自分のためのMastery for Service』はまさに僕のためのマスタリー・フォア・サーヴィスでもあったのだ。この本をきっかけにして、さまざまな立場からのマスタリー・フォア・サーヴィス論が花開くことを期待している。

注

1 George Konrad and Ivan Szelenyi, Intellectuals on the Road to Class Power, Harcourt Brace, New York, 1979. G. コンラッド・I・セレニィ著（船橋晴俊・宮原浩二郎・田仲康博訳）『知識人と厳禁権力』新曜社、一九八六年。

2 Kojiro Miyahara, "Charisma: From Weber to Contemporary Sociology" Sociological Inquiry 53(4), pp.368-388, 1983.

3 F・ニーチェ（木場深定訳）『道徳の系譜』岩波文庫、一九六四年、三一頁。

4 同上書、三七頁。

5 宮原浩二郎『貴人論』新曜社、一九九二年。

6 宮田満雄「Mastery for Service」『チャペル週報』一九七五年四月二一日（関西学院キリスト教主義教育研究室『建学の精神考第1集』一九九三年、所収）

7 受験生向けの大学案内『空の翼』（一九九九〜二〇〇一年度版）から。

8 宮原浩二郎『ことばの臨床社会学』ナカニシヤ出版、一九九八年。

9 同『ニーチェ・賢い大人になる哲学』ＰＨＰ研究所、一九九八年。

10 同『変身願望』ちくま新書、一九九九年。

11 池田裕子「カナダ訪問記―Ｃ・Ｊ・Ｌ・ベーツ第4代院長関係資料調査の旅」『関西学院史紀要』第六号、二〇〇〇年。この調査で「マスタリー・フォア・サーヴィス」がベーツ元院長の出身校、カナダのマギル大学に一九〇七年に新設されたマクドナルド・カレッジのスクール・モットーでもあることが判明している。ベーツ先生の関西学院着任は一九一〇年、高等学部におけるスクール・モットーの設定は一九一二年であるから、このモットーはベーツ先生の発案によるものではなかった可能性がある。もっとも、ベーツ先生はマクドナルド・カレッジの出資者マクドナルド氏とそれ以前から親交があった可能性も高いから、事の真相はわからない。しかし、いずれにしても、ベーツ先生がスクール・モットーとしてのマスタリー・フォア・サーヴィスを完全に自分のものにしていたことは、一九一〇年代初めの講演とそれから五〇年近くたった引退後の講演を読めば明らかである。たとえば、『建学の精神考・第1集』（一九九三年）『同、第2集』（一九九五年）に収められている次のような解説がとくに傾聴に値すると思う。

12

＊関西学院大学精神といえば、だれでもまず思うのは「マスタリー・フォア・サーヴィス」であろう。神に仕えることとならんで、隣人への奉仕を強調されたのはベーツ先生であった。そのためには、学問技術の蘊奥をきわめ己れを克服するのがマスタリーである。サーヴィスというのは、小まめに走り使いするというだけでなく自己を完成して大きなお役に立つということを忘れてはならない。どうもマスタリーを忘れたサーヴィスに陥る危険がありはしないだろうか。（今田恵「学院精神を偶像化するな」『学院を語る』一九六五年一月二五日）

＊"Mastery for Service"は 'Mastery of Service' とは異なる。それは調子のいいサーヴィス精神のすすめではなく、'Mastery of something for Service' を意味していたのではないか。しかも自己自身・欲望・所有などの主となることの前に、知識の主となることが記されている。独断をおそれるが、筆者はこのことに注目させられる。青年たちにひたすら上昇志向（出世）を求めた当時のわが国では、奉仕ということ自体が理解されがたく、そのことを強調する必要は大きかったであろう。・・・しかしそれに加えて、ベーツ先生は学生にとっての優先的な課題は有効な（effective）奉仕のための学習だ、と訴えられたように思う。先生は強くなることを求めておいでになるが、それはこのような道によるのである。（内田政秀「建学の精神について・試見」『キリスト教主義教育』第一六号、一九八八年）

＊Mastery for Service の後半部、すなわち「奉仕」の意味を建学の精神のなかで探る努力は絶えずなされてきた。・・・ここで「練達」と「奉仕」の関係が and（並列、緊張）や of（対象）あるいは as（同格）ではなく、前置詞 for（動機、目的）によって言い表されている点が甚だ重要と思われる。他に「仕える」（隷属ではない！）という究極のゴールが見えてくることによって、自ら「学ぶ」方向を正され、内的姿勢が整

えられるからである。そこからあらためて、モットーの前半部、つまり「マスタリー」ということが「サーヴィス」のためにいかに必要な条件であり、真の「奉仕者」にとって先ず「主人」の資格が不可欠であることを、大学人として、肝に銘じなくてはならない。・・・たとえ、どのようにServiceの精神を高揚しても、もし、「実力を備えた自由人」の形成（Mastery）がなければ、学院教育は空しい。（山内一郎「実力を備えた自由人」『関学ジャーナル』一九八九年一二月一二日）

13 この二者択一は便宜的とはいえ、かなり粗雑な設問だったと思う。まず、「マスタリーなくしてサーヴィスなし」「サーヴィスなくしてマスタリーなし」という考え方からすれば、bタイプもcタイプも論理的にありえないのだ。いくつか紹介したように、学生からのコメントのなかにも、この点だけは疑問を呈したものが多かった。ただし、僕があえてbをとると述べた背景には、それなりの考慮もあったのだ。旅客機の緊急事態の例で、結局は何事もなく無事に帰還した場合を考えてみよう。子どもの酸素マスクを後まわしにした人は、白い眼でみられたり、後ろめたい気分になったりすることはないだろうか。他方、自分を後まわしにした人は、まわりから褒められたり、自己満足したりすることはないだろうか。もしそうなら、「マスタリーのみ」（b）の人がサーヴィスの必要を痛感する可能性の方が、「サーヴィスのみ」（c）の人がマスタリーの必要を痛感する可能性よりも高いといえそうだ。そんな考えが背景にあって、僕はあえてbタイプを選ぶと述べたのだが、もちろん、これで満足しているわけではない。

14 F・ニーチェ（茅野良男訳）『曙光』ちくま学芸文庫、一九九三年、三五五頁（四二一番）。

15 『関西学院四十年史』（一九二九年）の記述による。

16 引退後のベーツ先生による講演（神戸新聞、関西学院創立七〇周年記念特集、一九五九年一一月三日）が school with mission を強調している。

17 C・J・L・ベーツ「生としての基督教」『神学評論』（青山学院・関西学院両神学部教授会共同編集）第一巻第一号、一九一四年、一〇二頁。

18 同上、一〇三―一〇四頁

著者略歴

宮原 浩二郎
（みやはら こうじろう）

1956年	東京都生まれ
1978年	東京大学法学部卒業
1986年	ウィスコンシン大学大学院 博士課程修了（Ph.D.社会学）
現　在	関西学院大学社会学部教授

著　書	『貴人論』新曜社、1992年 『ことばの臨床社会学』ナカニシヤ出版、1998年 『ニーチェ・賢い大人になる哲学』PHP研究所、1998年 『変身願望』ちくま新書、1999年
編　著	『変身の社会学』（荻野昌弘と共編）世界思想社、1997年 『マンガの社会学』（同上）世界思想社、2001年（近刊）

［ダイアログ型講義録］
自分のためのMastery for Service

2001年10月15日初版第一刷発行

著　者	宮原浩二郎
発行者	山本栄一
発行所	関西学院大学出版会
所在地	〒662-0891　兵庫県西宮市上ケ原1-1-155
電　話	0798-53-5233
印　刷	神戸協同グラフィックセンター

ISBN:4-907654-32-4
乱丁・落丁本はお取り替えいたします。
http://www.kwansei.ac.jp/press